Beziehung mit Schlagseite

Schweizerische Konferenz der
Gleichstellungsbeauftragten (Hrsg.)

Beziehung mit Schlagseite

Gewalt gegen Frauen in Ehe
und Partnerschaft

eFeF

Die Deutsche Bibliothek – CIP-Einheitsaufnahme

Beziehung mit Schlagseite : Gewalt gegen Frauen in Ehe und Partnerschaft / Hrsg.: Schweizerische Konferenz der Gleichstellungsbeauftragten. – 1. Aufl. – Bern : eFeF-Verl., 1997

ISBN 3-905561-12-3

NE: Schweizerische Konferenz der Gleichstellungsbeauftragten

Impressum:

Lektorat: Liliane Studer, Bern
Satz: Edith Helfer, Bern
Umschlaggestaltung: PPA Pluspunkt Andermatt, St. Gallen
und Edith Helfer, Bern
Druck: Clausen & Bosse, Leck

Vorwort

Gewalt gegen Frauen in Ehe und Partnerschaft ist eine Realität. Die Zahlen der ersten repräsentativen Studie für die Schweiz sprechen eine deutliche Sprache: Eine von fünf Frauen hat im Laufe ihres Lebens in ihrer Paarbeziehung körperliche und/oder sexuelle Gewalt erlebt, zwei von fünf Frauen haben verbale oder psychische Gewalt erfahren.

Trotz des erschreckenden Ausmasses wird das Problem in unserer Gesellschaft nach wie vor verdrängt. Es wird individualisiert und in die Privatsphäre abgeschoben. Obwohl die neue Frauenbewegung seit mehr als zwanzig Jahren auf diese Form männlicher Gewalt hinweist, die Öffentlichkeit informiert und Betroffenen Hilfe anbietet, fehlt in breiten Kreisen der Bevölkerung das Bewusstsein, dass Gewalt gegen Frauen in Ehe und Partnerschaft kein soziales Randphänomen ist. Frauen aus allen Schichten, jeden Alters und unterschiedlicher kultureller Herkunft werden von ihrem Ehemann, ihrem Freund, ihrem Geliebten oder Partner misshandelt.

Die Schweizerische Konferenz der Gleichstellungsbeauftragten hat es sich zur Aufgabe gemacht, mit der breit angelegten nationalen Kampagne «Halt Gewalt gegen Frauen in Ehe und Partnerschaft» die Öffentlichkeit in der Schweiz zu informieren und zu sensibilisieren: Gewalt gegen Frauen in Ehe und Partnerschaft darf nicht toleriert werden. Alle – die Einzelnen, aber auch die Gesellschaft – sind gefordert, sich mit diesem Problem auseinanderzusetzen und aktiv etwas dagegen zu tun.

Das Buch «Beziehung mit Schlagseite. Gewalt gegen Frauen in Ehe und Partnerschaft» ist ein Bestandteil dieser Kampagne. Es leistet einen Beitrag, den Teufelskreis der Gewalt in Beziehungen aufzubrechen.

In Teil I werden die Ergebnisse der ersten repräsentativen Untersuchung der Schweiz über das Ausmass und die Formen von Gewalt gegen Frauen in Paarbeziehungen vorgestellt und kommentiert. Die von drei Genfer Forscherinnen als Nationalfondsprojekt durchgeführte Studie basiert auf Telefoninterviews mit 1'500 Frauen im Alter von 20 bis 60 Jahren sowie auf ausführlichen Gesprächen mit 30 gewaltbetroffenen Frauen.

In Teil II geben ExpertInnen Auskunft über verschiedene Aspekte des Problems: Eine Frauenhaus-Mitarbeiterin berichtet über ihre Arbeit mit gewaltbetroffenen Frauen, die im Frauenhaus Schutz und Hilfe finden. Eine Juristin erörtert die rechtliche Situation und gibt Antwort auf die Frage nach den juristischen Mitteln gegen Gewalt in der Partnerschaft. Männer diskutieren, was Männer gegen Männergewalt unternehmen können und unternehmen müssen. Weiter wird die spezielle Situation der Migrantinnen dargelegt. «Weil es uns alle angeht» lautet die Überschrift des Beitrags, der aufzeigt, welche Möglichkeiten der Prävention und Intervention die Behörden und wir alle ergreifen können, um gegen Gewalt an Frauen aktiv zu werden. Ein umfangreicher Adressteil ergänzt die Sachinformationen.

Die Schweizerische Konferenz der Gleichstellungsbeauftragten dankt der Sozialwissenschaftlerin Katharina Belser, die die Gesamtredaktion sowie die Koordination der Beiträge übernommen hat. Aufgrund ihrer langjährigen Auseinandersetzung mit der Gewalt-Problematik ist es ihr gelungen, zusammen mit den beigezogenen Fachleuten unterschiedliche Gesichtspunkte herauszuarbeiten und sorgfältig und differenziert zu beleuchten. Damit liegen nun Informationen, Hilfestellungen und Handlungsansätze vor, die sich an alle interessierten Frauen und Männer richten – an Betroffene ebenso wie an sogenannt Aussenstehende, an PraktikerInnen im Sozial- und Gesundheitswesen, PolitikerInnen und Behördemitglieder.

Schweizerische Konferenz der Gleichstellungsbeauftragten
Bern, im Mai 1997

Teil I

Gewalt in Ehe und Partnerschaft in der Schweiz – Resultate einer Untersuchung

Lucienne Gillioz, Jacqueline De Puy,
Véronique Ducret, Katharina Belser

Teil II

Teil I

Gewalt in Ehe und Partnerschaft in der Schweiz – Resultate einer Untersuchung

Lucienne Gillioz, Jacqueline De Puy,
Véronique Ducret, Katharina Belser

1. Einleitung

Männergewalt gegen Frauen ist eine uralte Erscheinung. Doch öffentlich gemacht wurde sie erst, nachdem die Neue Frauenbewegung begonnen hatte, das Verhältnis zwischen den Geschlechtern als Machtverhältnis und die Familie als Ort der Unterdrückung und der Ausbeutung der Arbeitskraft der Frau zu sehen und zu analysieren. So dauerte es bis in die 70er Jahre, bis Gewalt gegen Frauen als gesellschaftliches und politisches Problem thematisiert wurde. Damals eröffneten Feministinnen in England und den USA die ersten Unterkünfte für geschlagene Frauen und trugen das Thema Gewalt in der Ehe in die Öffentlichkeit. Nun erwachte auch das Interesse der Sozialwissenschaften. In den 70er und 80er Jahren wurden vor allem in den angelsächsischen Ländern zahlreiche familiensoziologische und verschiedene feministische Studien über häusliche Gewalt durchgeführt. Sie verfolgten drei Hauptziele:

- die Gewalt beschreiben und deren Verbreitung in der Bevölkerung beziffern;
- theoretische Modelle über das Funktionieren von Gewalt entwickeln;
- die Auswirkungen der Gewalt auf die Opfer erforschen.

In einer 1975 durchgeführten, repräsentativen Studie an 2'143 amerikanischen Familien fanden Professor M.A. Straus und seine MitarbeiterInnen von der Universität New Hampshire heraus, dass im letzten Jahr vor der Befragung bei 16% der befragten Paare körperliche Gewalt vorgekommen war, im Verlauf der ganzen Ehe bei 28%. Die ForscherInnen verwendeten dabei eine standardisierte Methode zur Messung der Gewalt, welche unter dem Namen «Conflict Tactics Scales (CTS)» bekannt wurde. Die Skalen umfassen eine Reihe von Verhaltensweisen für die Bewältigung von Konflikten, welche von vernünftigem, ruhigem Diskutieren bis zu gewalttätigsten Handlungen (mit einem Gegenstand schlagen, würgen, mit einer Waffe verletzen) reicht.

Andere Studien kamen zu ähnlichen Ergebnissen. Sie erbrachten auch den Beweis, dass schlagende Männer und geschlagene Frauen nicht nur in sozialen Randgruppen, sondern in allen Schichten vorkommen, wenn auch in den unteren Schichten etwas häufiger.

Für die europäischen Länder existieren bis heute mit Ausnahme von Holland keine repräsentativen Untersuchungen über Gewalt gegen Frauen. Die wenigen verfügbaren Informationen über die Schweiz machen deutlich, dass auch unser Land von diesem Problem nicht verschont ist. So weist die Statistik der Frauenhäuser in der Schweiz für das Jahr 1995 658 aufgenommene Frauen (insgesamt 20'812 Übernachtungen) und 712 Kinder (22'982 Übernachtungen) aus. Diese Zahlen entsprechen allerdings nur einem ganz kleinen Teil der tatsächlichen Gewaltopfer in der Schweiz.

Grundsteine zu einer schweizerischen Gewaltforschung sind gelegt, etwa durch die Arbeiten von Alberto Godenzi über sexuelle Gewalt (1987 und 1989) und über Gewalt im sozialen Nahraum (1993), das Buch von Christa Hanetseder (1992) über die Rolle der Frauenhäuser bei der Verarbeitung von Gewalterlebnissen sowie eine Studie über die Frauenhäuser und die soziale Sicherheit der Frauen nach einem Aufenthalt im Frauenhaus (Gloor u.a. 1995). Was bisher fehlte, ist eine für die ganze Schweiz repräsentative Studie, mit der das Ausmass von Gewalt in Paarbeziehungen in unserem Land abgeschätzt werden kann. Mit der vorliegenden Untersuchung möchten wir diese Lücke schliessen.

Zur Studie

Unsere Studie, welche im Rahmen des Nationalen Forschungsprogramms 35 (Die Frauen in Recht und Gesellschaft – Wege zur Gleichstellung) durchgeführt wurde, hat in erster Linie zum Ziel, verlässliche Zahlen über das Ausmass von Gewalt gegen Frauen in Paarbeziehungen in der Schweiz zu gewinnen. Wir wollten aber auch besser verstehen, wie die Gewalt von Männern in Paarbeziehungen funktioniert, von welchen Faktoren sie beeinflusst wird und wie sie sich auf die Opfer auswirkt. Schliesslich sollte auch ein bisher wenig erforschtes Gebiet genauer untersucht werden, nämlich wie Frauen mit der Gewalt umgehen und welche Hilfsangebote sie in Anspruch nehmen.

Unsere Studie geht von der feministischen These aus, wonach Gewalt in Beziehungen im Zusammenhang mit dem gesellschaftlichen Verhältnis zwischen den Geschlechtern gesehen werden muss. Sie besteht aus zwei einander ergänzenden Teilen:

- Eine quantitative Untersuchung an einer repräsentativen Stichprobe von 1'500 Frauen aus der Deutsch- und der Welschschweiz, die aktuell oder bis vor kurzem in einer Paarbeziehung leb(t)en. Sie wurden mit einem strukturierten Fragebogen telefonisch befragt.
- Eine qualitative Untersuchung anhand von dreissig Tiefeninterviews mit Frauen aus der Westschweiz, welche körperliche, sexuelle und/oder psychische Gewalt erlebt haben.

Die Studie beschränkt sich auf Gewalt von Männern gegen Frauen und lässt Gewalt gegen andere Familienmitglieder (Kinder, Partner, Eltern) beiseite. Wir gehen davon aus, dass Männergewalt gegen Frauen ein spezifisches Problem darstellt und nicht der gleichen Logik folgt wie andere Formen familialer Gewalt. Weiter werden in unserer Untersuchung nur Frauen befragt, die in einer Partnerschaft leben oder bis vor kurzem gelebt haben. Wir sind uns bewusst, dass damit das Ausmass der Gewalt tendenziell unterschätzt wird, denn konfliktreiche Beziehungen gehen eher in die Brüche als konfliktarme. Unser Entscheid ist darin begründet, dass wir am familialen Kontext der

Gewalt interessiert sind. Um dazu verlässliche und präzise Angaben zu erhalten, mussten wir die Frauen über ihre aktuelle Situation befragen und nicht über Ereignisse, welche Jahre zurückliegen.

Die meisten bisherigen Untersuchungen zu Gewalt gegen Frauen beschränken sich auf körperliche und sexuelle Gewalt. Uns schien es unumgänglich, einen Schritt weiter zu gehen und zu versuchen, auch die psychische Gewalt zu erforschen, von der bekannt ist, dass sie genauso zerstörerische Auswirkungen haben kann. Allerdings ist diese Form der Gewalt viel schwieriger zu fassen. Denn ein und dieselbe Handlung (z.B. eine Beleidigung, eine Kritik) kann je nach Zusammenhang und je nach Tonfall und Art, wie sie ausgeführt wird, ganz unterschiedliche Bedeutungen und Folgen haben. Trotz dieser Schwierigkeiten haben wir uns dazu entschlossen, die psychische Gewalt in unsere Untersuchung einzubeziehen, um auch darüber mehr zu erfahren.

Im Folgenden wird die Studie zusammengefasst und es werden die wichtigsten Ergebnisse der quantitativen und der qualitativen Untersuchung dargestellt. LeserInnen, welche an einer ausführlichen Darstellung der Studie interessiert sind, verweisen wir auf die französische Publikation von Lucienne Gillioz, Jacqueline De Puy, Véronique Ducret «Domination et violence contre la femme dans le couple».

2. Das Ausmass der Gewalt

Je weniger ein Phänomen von der Gesellschaft anerkannt und thematisiert wird, desto schwieriger ist es für die Betroffenen, darüber zu sprechen. Da Gewalt gegen Frauen in der Schweiz ein noch weitgehend tabuisiertes Thema ist, mussten wir alle uns zur Verfügung stehenden Kenntnisse und Erfahrungen einsetzen, um von gewaltbetroffenen Frauen Auskünfte über ihre Erlebnisse zu erhalten.

2.1 Erfasste Gewalthandlungen

In der quantitativen Studie, deren Ergebnisse im Folgenden dargestellt werden sollen, haben wir nicht nur die direkte körperliche Gewalt erforscht, sondern auch sexuelle und psychische Gewalt. Jede dieser Gewaltformen kann gravierende Auswirkungen auf das Opfer haben, und es lässt sich nicht von vornherein festlegen, welches die schlimmste Form von Gewalt ist.

Das Schwergewicht unserer Untersuchung lag bei der Gewalt, welche die Frauen in den letzten zwölf Monaten bzw. im Verlauf ihres bisherigen Lebens von Seiten ihrer Partner erlebt hatten. Der Fragebogen enthielt aber auch zwei Fragen zu Gewalt der Frauen gegenüber ihren Partnern. Damit versuchten wir, uns ein möglichst umfassendes Bild der Interaktionen zwischen Frau und Mann in der Partnerschaft zu machen.

Als **körperliche Gewalt** wurden – entsprechend den «Conflict Tactics Scales» – die folgenden Handlungen gegenüber einer Person definiert:

- einen Gegenstand nachwerfen
- stossen, packen, schütteln
- ohrfeigen
- einen Fusstritt, Faustschlag geben oder beissen

- mit einem Gegenstand schlagen oder versuchen zu schlagen
- verprügeln
- würgen
- mit dem Tod bedrohen
- mit einem Messer oder einer Schusswaffe bedrohen
- mit einem Messer zustossen oder mit einer Schusswaffe schiessen.

Als **sexuelle Gewalt** wurden sexuelle Handlungen eingestuft, welche unter Einsatz von Drohungen oder Gewalt aufgezwungen werden.

Bei der **psychischen Gewalt** haben wir in der quantitativen Studie nur die offensichtlichsten Formen erfassen können:

- jemanden beschimpfen oder beleidigen
- einen Gegenstand werfen, zerschlagen, zerdrücken oder dagegen treten
- drohen, jemanden zu schlagen oder jemandem einen Gegenstand anzuwerfen
- jemanden einsperren oder daran hindern, aus dem Haus zu gehen
- jemanden aussperren oder daran hindern, ins Haus zu kommen.

Die weniger augenfälligen Formen psychischer Gewalt wie Erniedrigung, Verunglimpfungen usw. sind in einer telefonischen Befragung nur schwer erfassbar. Darüber berichteten die Frauen in den Tiefeninterviews (vgl. Kapitel 3, S. 27ff.).

2.2 Wie verbreitet sind körperliche, sexuelle und psychische Gewalt in der Partnerschaft?

Was zu vermuten war, hat sich durch unsere Untersuchung klar bestätigt: Auch in der Schweiz ist die Familie nicht (nur) der friedliche, sichere Hafen, sondern auch ein Ort, wo Konflikte ausgetragen werden, und dies nicht selten mit Gewalt.

Im Verlauf ihres bisherigen Lebens haben 20.7% oder jede fünfte Frau körperliche und/oder sexuelle Gewalt durch einen Partner erlebt. Dabei gaben 12.6% körperliche Gewalterlebnisse an und 11.6% sexuelle Gewalt. **Psychische Gewalt haben 40.3% der untersuchten Frauen bisher erfahren.**

6.1% der befragten Frauen – das ist jede sechzehnte – geben an, innerhalb der letzten 12 Monate vor der Befragung ein oder mehrmals körperliche und/oder sexuelle Gewalt erfahren zu haben. In 5.6% der Fälle handelt es sich um körperliche Gewalt und in 0.8% um sexuelle Gewalt. Fast jede vierte der körperlich angegriffenen Frauen erlitt Verletzungen. Fast ein Drittel der verletzten Frauen wurde sogar mehrmals verletzt.

Deutlich häufiger ist die psychische Gewalt: 26.2% der Frauen waren im Jahr vor der Erhebung davon betroffen.

Betrachten wir nur die Frauen, die sich im Verlauf des Jahres vor der Erhebung von ihrem Partner getrennt haben, dann erhöht sich der Anteil der gewaltbetroffenen Frauen. Er beträgt für physische und sexuelle Gewalt 20.3% und für psychische Gewalt 27.7%.

Sowohl unter den körperlich wie auch unter den psychisch misshandelten Frauen gibt es solche, die ihrem Partner gegenüber ebenfalls Gewalt angewendet haben. Wir gehen darauf am Schluss dieses Kapitels ein.

Ausmass der körperlichen und psychischen Gewalt

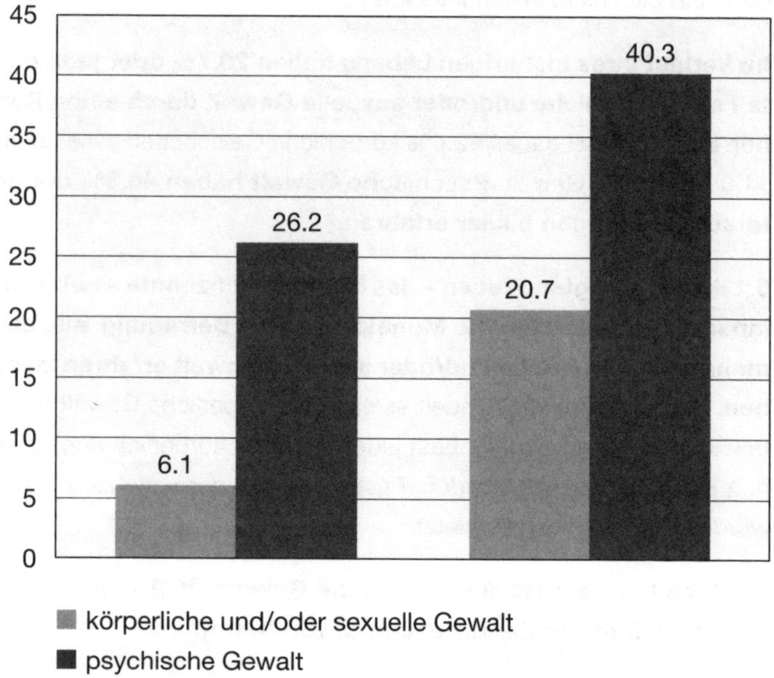

Wenn wir diese Zahlen auf die gesamte Schweizer Bevölkerung übertragen, ergibt sich daraus, dass von den ca. 1.4 Mio. Frauen zwischen 20 und 60, welche in einer Partnerschaft leben, rund 87'000 im Verlauf eines Jahres körperliche und/oder sexuelle Gewalt erfahren und fast 375'000 Frauen im selben Zeitraum psychische Gewalt erleben. Fast 300'000 Frauen dieser Altersgruppe sind im Verlauf ihres Lebens Opfer von körperlicher und/oder sexueller Gewalt und 575'000 Frauen von psychischer Gewalt durch einen Partner geworden.
(Die Schätzungen betreffen das Jahr 1993, auf das sich auch die Untersuchung bezieht.)

Ein Vergleich mit ausländischen Studien zeigt, dass die Zahlen für die Schweiz durchgehend niedriger sind. So ist beispielsweise der Anteil der in den vorangegangenen 12 Monaten körperlich angegriffenen Frauen in den USA mit 11.6% deutlich höher als in der Schweiz mit 5.6%. Die Zahl der Frauen, die im Verlauf ihres Lebens Opfer von körperlicher Gewalt durch einen Partner wurden, ist in den Niederlanden mehr als doppelt so hoch wie in der Schweiz, nämlich 26.3% gegenüber 12.6% (ohne sexuelle Gewalt). Nur im Vergleich mit den kanadischen Zahlen sind die Unterschiede nicht mehr so gross: 20.7% der Schweizer Frauen und 25% der kanadischen Frauen waren im Verlauf ihres Lebens mit körperlicher und/oder sexueller Gewalt konfrontiert.

Damit stellt sich die Frage, ob die Schweizer Gesellschaft effektiv weniger gewalttätig ist oder ob lediglich das Ausmass der Gewalt in der Erhebung unterschätzt wurde. Es gibt Gründe zur Annahme, dass die für Gewalt in Paarbeziehungen in der Schweiz gemessenen Werte unterhalb der tatsächlichen Häufigkeit liegen:

- Gewalt gegen Frauen ist ein unangenehmes Thema, über das die Betroffenen ungern sprechen, weil es bei ihnen Gefühle der Scham und des Versagens auslöst.
- Möglicherweise haben Frauen, die mit einem gewalttätigen Partner zusammenleben, öfter als andere Frauen die Teilnahme an der Befragung verweigert. Es ist sehr wahrscheinlich, dass viele von ihnen nicht teilnehmen konnten, weil sie von ihren Partnern kontrolliert und überwacht werden. In der Tat haben 87 Frauen die telefonische Befragung verweigert, weil ihr Partner damit nicht einverstanden war, und in 40 Fällen wurde das Gespräch durch die Frau abgebrochen. Es ist anzunehmen, dass sich dahinter meist ernsthafte Probleme des Paares verbergen.
- Weiter muss davon ausgegangen werden, dass auch Frauen, die zu einer Befragung bereit waren, den Befragerinnen gegenüber eine gewisse Zahl von Gewalthandlungen verschweigen.

- Unsere Untersuchung ist auf Frauen in Paarbeziehungen ausgerichtet (96% der Stichprobe) und schliesst getrennt lebende und geschiedene Frauen nur dann ein, wenn die Trennung innerhalb der letzten 12 Monate vor der Befragung erfolgt ist (4%). Die Resultate zeigen aber, dass bei den getrennten und geschiedenen Frauen die Gewaltbetroffenheit gegenüber der Gesamtstichprobe deutlich erhöht ist, ganz einfach deshalb, weil gewalttätige Beziehungen häufiger auseinandergehen als andere.

Wir können also sagen, dass es sich bei unseren Zahlen keineswegs um Übertreibungen, sondern im Gegenteil um vorsichtige Schätzungen handelt.

Ähnliche Überlegungen haben sich auch die Autorinnen und Autoren der zitierten ausländischen Studien gemacht. Alle gehen davon aus, dass das Ausmass der Gewalt in ihren Untersuchungen tendenziell unterschätzt wird.

2.3 Verbreitung und Häufigkeit der einzelnen Gewalthandlungen

In der Tabelle auf Seite 23 werden die von den Frauen angegebenen Gewalthandlungen in der Reihenfolge ihrer Häufigkeit aufgelistet.

Bei der körperlichen Gewalt kommen stossen, packen und schütteln am häufigsten vor (9.3% der befragten Frauen berichten über solche Erlebnisse im Verlauf ihres Lebens, 4.7% haben sie in den letzten 12 Monaten erfahren), gefolgt von ohrfeigen, mit einem Gegenstand nach ihr werfen, Fusstritten, Faustschlägen, Bissen und verprügeln.

Die häufigsten Akte psychischer Gewalt sind Beschimpfungen und Beleidigungen (35.8% resp. 23.3%), weniger häufig kommt es vor, dass der Partner einen Gegenstand zu Boden wirft, zerschlägt,

Verbreitung der verschiedenen Gewalthandlungen

	im Verlauf des Lebens	in den letzten 12 Monaten
körperliche Gewalt insgesamt	**12.6**	**5.6**
er stösst, packt, schüttelt sie	9.3	4.7
er gibt ihr eine Ohrfeige	6.7	1.5
er wirft einen Gegenstand nach ihr	3.2	1.1
er gibt ihr einen Fusstritt, Faustschlag, beisst sie	3.0	1.1
er verprügelt sie	2.9	0.7
er schlägt sie mit einem Gegenstand oder versucht es	2.0	0.6
er bedroht sie mit dem Tod	1.7	0.4
er bedroht sie mit einem Messer oder einer Schusswaffe	1.3	0.3
er würgt sie	0.9	0.3
er stösst mit einem Messer zu oder schiesst mit einer Schusswaffe	0.2	0.1
sexuelle Gewalt insgesamt	**11.6**	**0.8**
psychische Gewalt insgesamt	**40.3**	**26.2**
er beschimpft und beleidigt sie	35.8	23.3
er wirft, zerschlägt, zerdrückt einen Gegenstand oder tritt dagegen	10.8	5.9
er droht mit Schlägen oder damit, ihr einen Gegenstand nachzuwerfen	8.0	3.1
er sperrt sie ein oder hindert sie daran, aus dem Haus zu gehen	2.8	1.4
er hindert sie daran, ins Haus zu kommen	2.2	0.9

zerdrückt und dagegentritt oder dass er damit droht, die Frau zu schlagen oder etwas nach ihr zu werfen. Einschliessen oder aussperren kommen selten vor und betreffen nur eine kleine Minderheit der Befragten.

Wie häufig wird den Frauen Gewalt angetan?

Insgesamt haben 84 Frauen unserer Stichprobe in den letzten 12 Monaten körperliche Gewalt erfahren. Bei 40% von ihnen ist dies drei- oder mehrmals vorgekommen, bei 60% ein- oder zweimal. Fast 15% der gewaltbetroffenen Frauen sind mehr als zehnmal innerhalb der letzten 12 Monate geschlagen worden.

Von psychischer Gewalt sind 393 Frauen unserer Stichprobe betroffen. 55% davon erwähnen drei und mehr Ereignisse im vergangenen Jahr, 45% ein bis zwei. Rund 17% der Frauen sind über zehnmal psychisch attackiert worden.

Die genaue Analyse von Art und Häufigkeit der Gewalthandlungen hat ergeben, dass schwere körperliche Gewalt gegenüber der Frau (schlagen, würgen, Waffeneinsatz) nur bei einer kleinen Zahl von Paaren vorkommt, dort jedoch gehäuft auftritt, während die weniger gravierenden Formen von Gewalt (stossen, packen, schütteln) weiter verbreitet sind, aber beim einzelnen Paar seltener auftreten.

Wir haben uns auch die Frage gestellt, ob körperliche und psychische Gewalt zusammen auftreten oder eher unabhängig voneinander. Die Resultate zeigen, dass körperliche Gewalt in den meisten Fällen (83.4%) mit psychischer Gewalt verbunden ist. Je häufiger körperliche Gewalt angewendet wird, desto häufiger kommen auch andere Gewalthandlungen vor.

Das Umgekehrte trifft jedoch nicht zu. Mit psychischer Gewalt ist nur in 17.8% der Fälle auch körperliche Gewalt verbunden. Aber je häufiger ein Mann diese psychische Gewalt anwendet, desto wahrscheinlicher ist es, dass er auch zu körperlicher Gewalt greift.

Zum zeitlichen Zusammenhang, also ob die psychische Gewalt der körperlichen Gewalt jeweils vorausgeht, sie begleitet oder ihr folgt, lassen unsere Daten keine Schlüsse zu.

Von den 84 Frauen, die im vorangegangenen Jahr physische Gewalt erlebten, berichteten rund ein Drittel auch über frühere Gewaltakte, von denen die meisten jedoch längere Zeit zurückliegen.

«Gegenseitige» Gewalt

In der Befragung haben 18 der körperlich und 218 der psychisch misshandelten Frauen angegeben, selbst solche Gewalt gegen ihren Partner ausgeübt zu haben. Dabei ist zu fragen, ob es sich um dieselbe Art von Gewalt handelt oder eher um eine Reaktion und Verteidigung gegen die Gewalt des Partners. Verschiedene Untersuchungen legen Letzteres nahe.[1] Ausserdem wurde festgestellt, dass die Gewalt der Frauen bezüglich der dahinter liegenden Absichten und der Folgen nicht mit derjenigen der Männer zu vergleichen ist (vgl. auch Kapitel 7.1, S. 65f.).

Wenn wir unsere Daten genauer betrachten, stellen wir fest, dass in 10 von 17 Fällen beidseitiger körperlicher Gewalt der Mann angefangen hat (immer nach Angaben der Frau), in zwei Fällen die Frau, und in fünf Fällen war dies nicht zu entscheiden. Die Resultate zur psychischen Gewalt zeigen hingegen ein anderes Bild: Frauen machen hier offenbar öfter den Anfang (40%) als Männer (28%). In einem Drittel der Konflikte setzten anscheinend Frau und Mann gleichzeitig psychische Gewalt ein.

Die Annahme, dass Frauen Gewalt anwenden, um sich zu verteidigen, kann die Mehrzahl der Fälle gegenseitiger körperlicher Gewalt erklären, für psychische Gewalt trifft sie hingegen weniger zu. Um die Gewalt der Frauen, die nicht einfach das Gegenstück der Männergewalt ist, besser zu verstehen, muss der konkrete Beziehungskontext des Paares und insbesondere die Dominanz des Mannes in die Analyse einbezogen werden. Ganz allgemein gilt, dass die Zahlen zur Häufigkeit körperlicher und psychischer Gewalt in Paarbeziehungen nicht isoliert betrachtet, sondern auf dem Hintergrund der Machtverhältnisse zwischen Frau und Mann gesehen werden sollten. Wir werden darauf im 4. Kapitel (S. 42ff.)näher eingehen.

3. Wie wird die Gewalt von den Frauen erlebt?

Mit einer telefonischen Befragung kann nicht gut erfasst werden, wie die betroffenen Frauen die Gewalt erlebt haben und wie diese sich auf ihr Leben ausgewirkt hat. Deshalb haben wir mit 30 gewaltbetroffenen Frauen ausführliche Gespräche über diese Themen geführt. Es sind 17 Frauen, die schwere körperliche oder sexuelle Gewalt oder beides erlitten haben bzw. noch immer erleiden, bei 7 Frauen handelt es sich um leichtere und seltenere körperliche Gewalt, begleitet von psychischer Gewalt, und bei 6 Frauen um ausschliesslich psychische Gewalt. Um ihre Anonymität zu wahren, wurden die Namen geändert.

Das Alter der Frauen liegt zwischen 22 und 50 Jahren, sechs von ihnen sind Ausländerinnen. Zum Zeitpunkt des Interviews lebten 14 mit ihrem Partner zusammen, sieben waren getrennt, bei sechs lief ein Scheidungsverfahren und drei waren bereits geschieden. Die meisten haben Kinder, 19 davon minderjährige. Die Frauen und ihre Partner stammen aus allen Schichten, ihre Berufe reichen von einfachen ArbeiterInnen bis zu Angehörigen höherer Berufe. Zwanzig Frauen waren zur Zeit der Untersuchung erwerbstätig, acht davon vollzeitlich.

Die von den Frauen geschilderten Gewalthandlungen wurden für die folgende Darstellung in drei Kategorien eingeteilt, nämlich körperliche Gewalt, verbale und psychische Gewalt sowie sexuelle Gewalt oder sexuelle Nötigung. In der Realität sind die verschiedenen Gewaltformen jedoch oft vermischt.

3.1 Körperliche Gewalt

> «Dann hat er das Telefon nach mir geworfen … Also das begann mit Faustschlägen, Faustschläge überall, irgendwohin.

Dann hat er mich gepackt und gegen die Wand gestossen. Es war ja klar, dass ich mit meiner Behinderung dabei stürzen musste, also fiel ich zu Boden. Er stürzte sich auf mich und traktierte mich mit den Füssen … ein Massaker war das, wirklich ein Massaker, und er hörte nicht mehr auf. (…) Und da habe ich reagiert, ich versuchte mich zu verteidigen, ihn zu schlagen, zurückzustossen, ich versuchte das Telefon zu erwischen, um die Nr. 117 einzustellen. Also das Telefon hat er mir auf dem Kopf zerschlagen. Er hat eine Jeansjacke genommen und mir über den Kopf gezogen und an den Ärmeln zugezogen. Da habe ich mir gesagt: Jetzt ist es vorbei, es ist vorbei, du wirst sterben. Ich hab mich völlig entspannt. Ich habe mir einfach gesagt: Es ist aus, du kannst nichts mehr tun. Und ich glaube … da hat es bei ihm 'klick' gemacht, er hat losgelassen. Dann hat er sich etwas beruhigt, nicht was die Schläge anbelangt, da war er noch immer gleich aufgeregt, und ich sagte zu ihm: Ich will jetzt aus der Wohnung. Er sagte: Kommt nicht in Frage, du bleibst hier. Ich sagte: Ich muss mich beruhigen, muss allein sein. Und er sagte: Kommt nicht in Frage, du gehst hier nicht weg. Dann gelang es mir, die Türe zu erreichen, ins Treppenhaus zu gehen, doch da fiel er mich plötzlich wieder an wie eine Furie, packte mich an den Haaren, zog mich an den Haaren drei Stockwerke auf dem Rücken die Treppe hinunter, und ich war doch schon schwanger, ich schrie und schrie. Es war vielleicht zehn Uhr abends, und es gab einige Leute – wir waren erst eingezogen, daher kannte ich niemanden –, die aus ihren Wohnungstüren schauten. Ich sagte: Ruft die Polizei, er bringt mich um, er bringt mich um. Das Gesicht dieses einen Nachbarn, es war ein Mann, werde ich nie vergessen. Er sagte: Wissen Sie, dass es schon nach 10 Uhr ist und ich die Polizei rufen könnte wegen Nachtruhestörung? Das werde ich wahrscheinlich nie vergessen, ich lag da auf dem Rücken, er zog mich die Treppe hinunter, schlug mich dabei, ich blutete, schrie, und der Typ sagt: Ich kann die Polizei rufen wegen Nachtruhestörung. Und niemand hat die Polizei gerufen. Dann hat er mich wieder losgelassen, und ich habe gesagt: Lass mich, lass mich in Ruhe. Und er sagte: Also gut, du kannst einen Moment hinausgehen. Es war aber im Februar, ich war natürlich ohne Jacke, ohne nichts aus der Wohnung gegangen. Also sagte ich: Ich will nur mein Portemonnaie und meine Jacke holen, und meine Zigaretten. Und da stand er unter der Tür und sagte: Komm hol sie dir doch. Es ist dumm, ich wusste, dass ich nicht in die Wohnung zurück durfte. Doch gleichzeitig sagte ich mir: Nein, er hat es mir versprochen. Ich glaubte noch immer seinen Versprechungen. Ich habe lange gezögert. Ich sagte: Wirf mir meine Jacke. Er sagte: Nein, du kommst sie dir holen. Dann bin ich halt in die Wohnung zurückgekehrt. Kaum stand ich mit beiden Füssen drin, ging die Tür zu, und er begann von Neuem. Doch dann gab es einen Moment, wo ich meine Jacke packen und mich aus dem Staub machen konnte. Er rief mir noch nach, als ich die Treppe hinunterlief, rief er mir nach: Du bist besser in einer Stunde wieder zurück, sonst bringe ich dich um …

(…) Und das war der Anfang des Elends, ich ging zurück. Ich wagte nicht, zur Polizei zu gehen, und bin wieder nach Hause gegangen, und als ich heimkam, wusste er nichts Besseres zu tun, als mich zu vergewaltigen. So war das. Für ihn war das natürlich keine Vergewaltigung, ich war ja einverstanden. Ich glaube nicht, dass eine Frau damit einverstanden ist, nach einer solchen Szene mit ihm zu schlafen, aber für ihn war das klar, ich war einverstanden. Den Rest hatte er völlig vergessen. Übrigens jedes Mal, nachdem er mich geschlagen hatte, und das ist etwas, das ich nie verstanden habe, hatte er es wieder vergessen, und ich habe nie herausgefunden, ob er es tatsächlich vergessen hatte, also ob bei ihm für die Zeit des Schlagens die Sicherung durchgebrannt war, oder ob er einfach so tat, als könnte er sich nicht daran erinnern.» Mira

Die wenigsten der interviewten Frauen haben Ähnliches durchgemacht wie Mira. Trotzdem, 25 von ihnen berichten von körperlicher Gewalt, seien dies nun Schläge auf den Körper oder ins Gesicht, Fusstritte, Faustschläge, Ohrfeigen, Schläge mit Gegenständen, Fusstritte mit Militärschuhen, während die Frau stillt. Der Partner schlägt ihr den Kopf gegen die Wand, zieht sie an den Haaren, spuckt sie an, stösst sie die Treppe hinunter, packt sie, schüttelt sie, stösst sie um, würgt sie, stösst sie gegen das Fenster, die Wand, dreht ihr das Handgelenk um, bindet ihr die Arme fest, damit sie sich nicht wehren kann, wirft sich auf sie, stösst sie aus dem Bett, zerschlägt einen Gegenstand auf ihrem Kopf oder auf dem Körper, wirft mit einem Gegenstand nach ihr, fügt ihr ein blaues Auge zu, damit sie nicht zur Arbeit gehen kann, gibt ihr Schläge auf den Hintern, zerreisst ihr die Kleider usw.

Wenn die Schläge nicht den gewünschten Erfolg bringen, werden die Frauen aus der Wohnung geworfen oder aber eingeschlossen. Und wenn die Männer glauben, sie nicht absolut unter Kontrolle zu haben, drohen sie ihren Frauen, sie mit einer gefährlichen Waffe (Messer, Revolver, in einem Fall sogar mit dem Sturmgewehr) umzubringen. Aus zahlreichen Zeitungsmeldungen ist bekannt, dass in manchen Fällen die Gewalt tatsächlich mit Mord oder Totschlag endet.

Die Häufigkeit der Gewalt

Die interviewten Frauen hatten grosse Mühe anzugeben, wie oft die Gewalthandlungen auftraten. Wenn sie danach gefragt wurden, konnten sie meist keine Antwort geben oder blieben sehr vage. Vielleicht verdrängen sie die unerträglichen Erlebnisse oder wagen nicht, das ganze Ausmass der ihnen zugefügten Gewalt einzugestehen. Die Mehrzahl der Frauen (19) erlebt regelmässig körperliche Gewalt. Bei manchen (8) ist dies sogar mehrmals wöchentlich der Fall, wenn der Mann, wie sie sagen, gerade in einer Krise steckt. Danach ist ein bis zwei Monate lang Ruhe, bevor er wieder anfängt. Bei anderen (11) sind die Gewaltakte gleichmässiger über die Zeit verteilt, zum Beispiel einmal alle drei bis vier Monate. Von diesen Frauen haben es fünf geschafft, die körperliche Gewalt zu stoppen. Bei wieder anderen (6) handelt es sich um einzelne Episoden. Drei von ihnen waren ein einziges Mal mit körperlicher Gewalt konfrontiert, bei den andern drei übten die Männer am Ende der Beziehung Gewalt aus, als sie begriffen, dass sich die Frau auf einen Auszug aus der gemeinsamen Wohnung vorbereitete.

Auch bezüglich des Zeitpunkts, da die Gewalt zum ersten Mal auftrat, unterscheiden sich die Frauen. Bei manchen war der Mann von Anfang an gewalttätig, bei andern begannen die Gewalthandlungen nach dem ersten Kind, und bei den Dritten kam es erst am Ende der Beziehung zu gewalttätigen Auseinandersetzungen. Auch hier ist es schwierig, genaue Angaben zu erhalten, denn viele Frauen erinnern sich nicht, wann die erste Gewalthandlung erfolgte. Oft realisieren die Frauen erst nach einer Weile, dass es sich bei dem, was sie erleben, um Gewalt handelt.

Was löst die Gewaltakte aus?

Nach Aussagen einiger Frauen wird ihr Partner gewalttätig, wenn er sich bedroht fühlt: Seine Frau entgleitet ihm, sie wagt es, sich zu wehren, sie nimmt sich gewisse Freiheiten heraus und vor allem hat sie weniger Angst vor ihm. Manche Frauen bekamen die ersten Schläge, nachdem sie die Scheidung eingereicht hatten. Doch für gewisse Männer braucht es gar nicht so viel: Wenn ihre Partnerin eine andere Meinung vertritt oder etwas von ihnen verlangt, dann genügt ihnen das, um dreinzuschlagen. Eine Frau bekam eine Ohrfeige, weil sie mit einem Mann gesprochen hatte, eine, weil sie im Versteckten geraucht hatte, obwohl ihr Mann es ihr verboten hatte. Jeder Vorwand ist recht, um Gewalt zu begründen: wenn sie ausgeht, wenn sie später als vorgesehen heimkommt, wenn sie Fragen stellt, wenn sie antwortet usw.

In andern Fällen sind es Vorwürfe der Frauen, die die Männer nicht ertragen und sie zu brutalen Reaktionen veranlassen. So etwa die Kritik, dass sie für die Kinder keine Verantwortung übernehmen, dass sie zu oft weg sind von zu Hause, dass sie betrunken sind.

Körperliche Gewalt kann auch eine Reaktion sein auf eine Schwangerschaft, die der Mann nicht gewollt hat. Vier Männer schlugen ihre Frauen auf den Bauch, um das Kind zu beseitigen. In zwei Fällen kam es in der Folge zu Fehlgeburten.

Was empfinden die Frauen?

Am häufigsten taucht das Wort «Angst» in den Aussagen der Frauen auf: Angst vor der Gewalt, Angst, es nicht zu überleben, Angst, dass er noch brutaler wird, wenn sie sich wehrt. Die Frauen werden terrorisiert, wissen nicht, wie weit die Gewalt geht, haben nie Ruhe, wissen nicht, wann es wieder anfängt.

> «Also, ich sprach von dieser grossen Beklemmung, die mich befiel, diesem Stein, der manchmal schon am Morgen oder am Mittag da war, wenn er zum Essen kam und ich schon merkte, dass etwas nicht ... Dann sagte ich mir: Oh, nein! In solchen Fällen war es für mich schon am Nachmittag vorbei. Es gelang mir nicht ... ich brauchte viel Zeit, bis ich mir sagen konnte: So oder so, heute abend ist heute abend, jetzt versuch, deinen Nachmittag zu leben!
>
> ... Ich nenne es Beklemmung. Die Angst kam später ... Sobald ich ihn hörte, spürte ich mein Herz schneller schlagen. Dann kam die Angst, wenn er da war. Vorher war es Beklemmung, nur das.»
>
> Suzanne

Mehrere Frauen haben Todesängste ausgestanden, sie trauten ihrem Mann zu, dass er die Drohung wahr machen würde, denn «wenn er einmal angefangen hat zu schlagen, dann kann ihn nichts bremsen», sagen einige. Diese unmittelbare Todesangst lässt sie vor Entsetzen erstarren. Sie ist in vielen Fällen der Grund, weshalb die Frauen nicht reagieren können. Es bleibt ihnen dann nichts anderes übrig, als sich still zu halten, um ihr Leben zu retten.

Scham ist ebenfalls ein Gefühl, das bei vielen Frauen verbreitet ist, vor allem dann, wenn die Gewalt in der Öffentlichkeit stattfindet. Manche Frauen ertragen dies besonders schlecht, umso mehr als die Gewalt von einem Menschen ausgeht, der behauptet, sie zu lieben. Zur Scham hinzu kommen aber auch Gefühle wie Wut, Ungerechtigkeit und der Gedanke an Widerstand oder gar Rache. Verschiedene Frauen sagten, sie hätten manchmal daran gedacht, ihren Mann – zum Beispiel mit dem Küchenmesser – umzubringen.

3.2 Psychische Gewalt

Psychische Gewalt bewirkt eine Verletzung der psychischen Integrität, deren Folgen oft verheerend sind, nicht selten führt sie zur Zerstörung der Persönlichkeit. Alle 30 Frauen der Stichprobe haben psychische Gewalt erfahren. Sie fühlen sich erniedrigt, verachtet, herabgesetzt, verwirrt. Wir haben verschiedene Kategorien von psychischer Gewalt unterschieden und stellen sie im Folgenden dar, wobei wir mit den auffälligsten Formen beginnen und mit den hinterhältigsten enden.

Verbale Gewalt

Psychische Gewalt beinhaltet oft verbale Angriffe gegen die Frau. Wenn die Männer ihre Vorwürfe, ihre Verachtung oder ihre Drohungen aussprechen, erhöhen viele ihre Lautstärke massiv. Sie setzen ihre Stimme als Waffe ein: Sie schreien, regen sich auf, brüllen, werden böse, aggressiv, sind ausser sich, randalieren, übertönen ihre Frau, um sie am Sprechen zu hindern, schreien alle nieder. Die verbale Gewalt kann auch von einem Schweigen abgelöst werden, das voll Verachtung ist: Sie sprechen nicht mehr, antworten nicht auf die Fragen ihrer Frau, hören nicht zu, brechen die Diskussion ab, verweigern jedes Gespräch.

Gewalt gegen Sachen

Manchmal drücken die Männer ihren Ärger auch in lärmendem und brutalem Verhalten aus: Sie schlagen die Tür zu, knallen etwas auf den Tisch, werfen alles, was ihnen im Wege steht, zu Boden, lassen den Motor ihres Autos aufheulen. Die betroffenen Frauen leiden darunter, weil sie nicht wissen, wie weit ihr Mann noch gehen wird. Andere finden das eisige Schweigen unerträglich. Sie haben dann keine Ahnung, was in ihm vorgeht. Die Frauen fühlen sich ohnmächtig, weil sie die brutalen Worte und Verhaltensweisen nicht stoppen können. Manche glauben, sich absolut ruhig verhalten zu müssen, um eine Eskalation zu verhindern. Auch dass die Wutausbrüche unerwartet auftreten, macht vielen zu schaffen. Wo die Stimmung soeben noch heiter war, kann schon ein winzig kleiner Vorfall im Bruchteil einer Sekunde die gute Laune der ganzen Familie zunichte machen. Dies hat zur Folge, dass die Frauen in einem Dauerstress leben. Der fatale Augenblick, in dem ihr Mann in Rage gerät, ist nie voraussehbar.

Beschimpfungen

In der Vulgärsprache gibt es viele Schimpfwörter für Frauen: Hure, Luder, Schlampe, Miststück, blöde Kuh. Diese werden von den Männern oft verwendet, um ihre Frauen zu beschimpfen. Sie sind negativ besetzt und vermitteln das Bild einer Frau, die keinen Respekt verdient. In diesen Wörtern kommt die ganze Verachtung der Männer gegenüber ihren Frauen zum Ausdruck.

Verunglimpfung

Vorwürfe und Verunglimpfungen sind für viele Frauen alltäglich. Die Kritik des Mannes an seiner Frau lautet zusammengefasst: Du bist für nichts zu gebrauchen, ich bin der Beste. Sie ist unfähig, die Kinder zu erziehen, sie kocht schlecht, sie kann nicht putzen, sie hat die Kleider nicht weggeräumt usw. In vielen Paaren ist der Mann ein ausgesprochener Haustyrann.

Zur Kritik hinzu kommt, dass diese Männer meist alles sabotieren, was ihre Frau macht oder unternehmen möchte. Sie können nicht akzeptieren, dass ihr auch einmal etwas gelingt.

Solche Verhaltensweisen werden – vor allem wenn sie allgegenwärtig sind – zunehmend bedrohlich. In allem, was die Frauen im täglichen Leben tun, werden sie kritisiert, verunglimpft, psychisch zerstört. Sie erhalten absolut keine Unterstützung. Die ständigen Vorwürfe bringen sie aus dem Gleichgewicht und geben ihnen das Gefühl, ohnmächtig und unfähig zu sein. So gelingt es den Männern tatsächlich, ihre Frauen zu dem zu machen, was sie ihrer Meinung nach sind: unfähige Wesen.

> «Zuerst fand er, ich ziehe mich schlecht an. Alles, was ich tat, war falsch. Er fand, ich könne nicht kochen, er fand, meine Arbeit sei nichts, weil ich als Lehrerin nur Teilzeit arbeitete – ich hatte ein halbes oder dreiviertel Pensum, aber das war für ihn nichts –, dass ich die Kinder nicht erziehen könne, da ich jemand hatte, die mir zu Hause half, eine Au-pair, eine Putzfrau. Also er machte alles herunter, was ich tat, und dass ich auch im Bett unfähig sei. Einfach alles. Nichts ging mehr. Natürlich, Wunder gibt es keine. Und ich könne nicht Auto fahren, und so. Das Schlimmste war, beim Autofahren zum Beispiel, dass ich es tatsächlich nicht mehr konnte. Wenn er neben mir sass und mir dauernd Vorwürfe machte … schliesslich glaubte ich es

> selbst und sagte zu den Freunden: Ja, ich kann nicht gut Auto fahren, ich schaffe es einfach nicht, ich fahre nicht gern. Und dann, das Erste, was ich gemacht habe nach der Trennung, ich habe mir einen Peugeot 205 gekauft, und das Fahren macht mir unheimlich Spass.» Simone

Die Kritik kann sich auch auf die Umgebung oder die Familie der Frau beziehen. So wird die Frau indirekt verletzt, indem Personen, die sie gern hat, verunglimpft und schlecht gemacht werden.

Erniedrigungen

Erniedrigungen reichen von Gleichgültigkeit über Geringschätzung bis hin zu tiefster Verachtung. Immer wieder werden die Frauen einfach ignoriert oder so behandelt, als wären sie nichts. Manche Ehemänner finden es unnötig, für ihre Frau zu arbeiten, obwohl diese ihnen alle Arbeiten im Haushalt und mit den Kindern abnimmt. Andere erniedrigen ihre Partnerin, indem sie ihrem Ekel Ausdruck geben.

Manchen Männern genügt es nicht, ihre Frauen zu Hause schlecht zu machen, sie machen es öffentlich und erniedrigen sie damit doppelt. Sie gehen auf sie los, beleidigen sie und machen sie lächerlich, so dass andere es hören können. Mehrere Frauen sagten, sie genierten sich sehr, ja sie schämten sich, wenn dies in der Öffentlichkeit passiere. Noch schlimmer ist es, wenn die Kinder dabei sind.

> «Als er mich beschimpfte, wir kamen von der Eheberatung, genierte ich mich schrecklich, weil er mich mitten auf der Strasse beschimpfte. Er sagte zu einem Herrn, der gerade vorbeiging und uns zusah: Mein Gott ... schauen Sie sich diese Frau an, sie ist eine Schlampe, ein Nichts!» Claire

Belästigung

Eine Person belästigen bedeutet, sie nicht in Ruhe zu lassen. Es ist eine Art Verfolgung, bei der der Belästiger die Intimsphäre der andern Person ständig verletzt, entweder durch seine Präsenz, durch seine Worte oder durch Spuren seiner Anwesenheit. Ein solcher Mann erträgt es nicht, wenn die Frau das Zimmer verlässt, er verfolgt sie, bis sie ihm zuhört, er hört nicht auf zu reden oder er provoziert sie ständig, damit sie reagiert. Andere fahren auch nach einer Trennung fort, ihre Frauen mit Anrufen oder Briefen zu belästigen, weil es für sie unvorstellbar ist, dass die Frau ohne sie leben kann. Ein Mann ist in die Wohnung seiner Ex-Frau eingebrochen und hat ihr persönliche Effekten gestohlen. Manche Frauen erhalten anonyme Telefonanrufe, hinter denen sie ihre Ex-Männer vermuten.

Drohungen

Drohungen kommen häufig vor. Sie betreffen manchmal die Kinder (Drohung, sie zu entführen oder zu töten) oder den Mann selbst (Selbstmorddrohung), meinen aber immer die Frau. Manchmal werden Drohungen versteckt geäussert, Männer lassen durchblicken, dass sie zu allem fähig sind. Doch die Frau weiss nicht, was das bedeutet, und fürchtet das Schlimmste. Solche Verhaltensweisen terrorisieren die Frauen. Sie fürchten sich davor, dass die Drohungen wahr gemacht werden, und sind unfähig, etwas zu unternehmen. Ihr Überlebensinstinkt gebietet ihnen Vorsicht und Folgsamkeit. Mit den Drohungen sollen die Frauen zu Hause festgehalten und daran gehindert werden wegzugehen, falls sie dies im Sinn hatten.

Wenn Männer merken, dass ihre Frau verletzlich und abhängig ist, dann beginnen sie, sie mit Scheidungsdrohungen zu erpressen. Alles ist Anlass für eine solche Drohung: Sie kann die Kinder nicht erziehen, sie kocht schlecht, sie beklagt sich usw. Manche Männer beeilen sich, ein Scheidungsverfahren einzuleiten, um ihren Frauen, die sie verlassen wollen, zuvorzukommen. Andere drohen damit, die Frau zu verlassen, wenn sie sehen, dass sie ihnen entgleitet. Dies kann die Absichten der Frau durchaus bremsen. Ehemänner von Ausländerinnen drohen mitunter gar damit, die Frau in ihr Herkunftsland zurückzuschicken.

> «Zu jedem Jahresende bekam ich das letzte Ultimatum … Jedes Mal Ende Jahr, immer, und ich weinte … Am Anfang habe ich es geglaubt, wirklich. Ich telefonierte meiner Familie und sagte: Er verlangt, dass ich abreise. Er hat mir gesagt, ich könne gehen, wann ich wolle. Im Dezember muss ich aus dem Haus sein, er will mich nicht mehr. Er will mich nicht mehr, weil ich ihm nicht gehorcht habe, weil ich nicht mit ihm geschlafen habe, zusammen schlafen, immer zusammen schlafen. Der Sex, puh … Und ausserdem muss ich gehorchen. Ja, ja, jedes Mal Ende Jahr war es so, ich musste – puh … Ja, er sagte, das ist das letzte, das letzte Ultimatum. Dann habe ich ihn eines Morgens etwas überrumpelt, ich sagte zu ihm: Warum sprichst du so mit mir? Ich habe auch das Recht zu leben. Lass mich in Frieden. Wenn ich etwas tun will, habe ich das Recht dazu. Wenn ich vor dir ins Bett gehen will, habe ich das Recht. Er versuchte wirklich, mich an allem zu hindern, alles war verboten: zu schlafen, zu essen. Ich kochte, aber es war nie gut, ich habe aufgehört zu essen, weil es mir nicht gut tut, wenn ich esse, während er herumschreit. An diesem Morgen also versuchte ich ihn etwas zu überrumpeln, ihn in einem Moment zu erwischen, wo er nicht schon den Kopf voller Gedanken hatte. Doch er, er verweigerte einfach das Gespräch.» Marion

Die Erpressung ist bei mehreren Männern üblich, zum Beispiel in der Form «wenn du die Scheidung einreichst, entführe ich die Kinder, höre ich auf zu arbeiten, verlasse ich die Schweiz». Die Erpressung kann manchmal auch ganz hinterhältig sein: Der Mann erlaubt der Frau alles, was sie möchte, gibt ihr aber zu verstehen, dass sie vor geschlossener Tür stehen wird, wenn sie heimkommt.

Wie bei der körperlichen Gewalt sind auch bei der psychischen Gewalt die Auslöser vielfältig und unberechenbar. Meistens setzt der Mann sie dann ein, wenn er sich bedroht fühlt oder fürchtet, die Kontrolle über die Frau entgleite ihm. Mit seinem Verhalten versucht er, diese Kontrolle wieder zu erlangen, indem er die Bewegungsfreiheit seiner Frau einschränkt und sie dazu zwingt, nur noch das zu tun, was er von ihr verlangt.

3.3 Sexuelle Gewalt

Lediglich drei der interviewten Frauen haben nach eigenen Aussagen keine sexuelle Gewalt durch ihren Partner erfahren. Die übrigen kennen eine oder mehrere der folgenden Formen sexueller Gewalt aus eigener Erfahrung.

Vergewaltigung

Über eine oder mehrere Vergewaltigungen durch ihren Partner berichten acht Frauen. Zum Teil gingen die Männer mit grösster Brutalität vor. In jedem Fall wurde die Frau durch physische Gewalt oder durch Drohungen daran gehindert, Widerstand zu leisten.

Manche Frauen fühlen sich nach einer Vergewaltigung in ihrem Innersten verletzt, beschmutzt und versuchen vergeblich, sich durch unaufhörliches intensives Waschen von diesem Schmutz zu befreien. Andere bemühen sich, die Erlebnisse zu vergessen und zu denken, eine einmalige Vergewaltigung sei weniger schlimm als ständige psychische Gewalt und Schläge.

Sexuelle Nötigung

Obwohl sie zu sexuellen Handlungen gezwungen wurden, sprechen viele Frauen nicht von Vergewaltigung.

> «Er liess mir keine Wahl, ja. Ich fürchtete mich vor der Gewalt, also sagte ich mir: Besser, ich gebe nach und danach schläft er, als mich zu weigern, vor allem, als ich das Kind erwartete.»
>
> Delphine

Frauen, die sich verweigerten, wurden von ihren Männern bestraft. Sie erhielten kein Haushaltsgeld, ihnen wurde vorgeworfen, sie seien teurer als eine Hure oder sie seien frigide, verklemmt. Bei einigen Frauen erreichte der Partner, nachdem er ihr tage- oder gar wochenlang die kalte Schulter gezeigt hatte, schliesslich doch, was er wollte. Mehrere Frauen liessen den Mann gewähren, aus Angst vor noch mehr Gewalt.

Sexuelle Belästigung

Mit dem Ausdruck sexuelle Belästigung, der meist für sexuelle Übergriffe in der Arbeitswelt verwendet wird, charakterisieren mehrere Frauen das Verhalten ihres Partners. Dieser hat ständig Sex im Kopf und bedrängt sie andauernd durch Berührungen oder entsprechende verbale Äusserungen. Dass die Frau keine Lust hat, wird einfach nicht zur Kenntnis genommen. Manche Frauen reagieren darauf, indem sie schliesslich nachgeben, andere sagen, die Belästigungen liessen sie kalt, das sei das Problem des Mannes. Trotzdem ist die Situation für alle Frauen unangenehm.

Sex zur Wiedergutmachung

Viele Männer meinen, im Bett alles wiedergutmachen zu können. Mehrere Frauen haben festgestellt, dass der Mann nach jedem Streit mit ihnen schlafen wollte, als ob er fürchtete, zu weit gegangen zu sein, und sie wieder an sich binden wollte. Fast allen Frauen widerstrebt es jedoch, nach einem Streit, bei dem ihr Partner sie beschimpft und bedroht hat, mit diesem zu schlafen. Die meisten, die dies erleben, fühlen sich erniedrigt, haben Mühe damit. Nur zwei (junge unverheiratete) Frauen finden, dass eine Versöhnung auf diesem Weg möglich ist. Alle Frauen haben nach dem Gewalterlebnis das Bedürfnis nach Zuwendung und Zärtlichkeit, die sie jedoch im sexuellen Verkehr mit dem Partner nicht finden. Im Gegenteil, dieser wird meist als zusätzliche Gewalt empfunden.

Auslöser von sexueller Gewalt ist gemäss den Untersuchungsergebnissen einerseits die Tatsache, dass sich die Frauen verweigern oder Bedingungen stellen, anderseits dass sie sich für eine Trennung oder Scheidung entschieden haben. Einige Frauen wurden vergewaltigt, nachdem ihr Partner von ihrer Scheidungsabsicht erfahren hatte.

Ein anderes Verhalten, das nicht in den Bereich sexueller Gewalt oder Nötigung fällt, aber als psychische Gewalt mit sexuellem Inhalt bezeichnet werden muss, soll hier ebenfalls erwähnt werden: die Verweigerung als Strafe. Manche Männer verweigern jede sexuelle Beziehung, wenn die Frau selbständiger wird und eigene Wünsche realisiert (z.B. eine Ausbildung macht). Sie behaupten, die Frau sei nicht attraktiv, nicht gut im Bett. Dabei handelt es sich nicht um fehlendes sexuelles Interesse, sondern es geht dem Mann darum, die Frau zu erniedrigen, ihr zu zeigen, dass sie nicht einmal mehr fürs Bett taugt.

4. Macht und Gewalt

Gewalt in Ehe und Partnerschaft kann nicht als private Angelegenheit der betroffenen Paare abgetan werden. Sie steht in einem engen Zusammenhang mit dem Geschlechterverhältnis in unserer Gesellschaft, der Vorherrschaft des Mannes und der untergeordneten Position der Frauen in allen Lebensbereichen. Innerhalb der Familie äussert sich dieses Machtgefälle hauptsächlich auf vier Ebenen:

- Die strukturelle Ebene umfasst all das, was die Frau und der Mann an wirtschaftlichen Ressourcen, Bildungskapital und Berufsausbildung mitbringen.
- Die organisatorische Ebene bezeichnet die konkrete Aufteilung der Erwerbs- und der Hausarbeit zwischen Frau und Mann.
- Die Funktionsebene umfasst die Verteilung der Macht und des Einflusses sowie die Kommunikation zwischen Frau und Mann.
- Bei der Einbettung in die soziale Umwelt schliesslich geht es darum, wie offen oder geschlossen das Familiensystem gegenüber der Umwelt ist (kulturelle Ebene).

Im Fragebogen formulierten wir Fragen zu diesen vier Ebenen, um uns aus den Antworten ein Bild über die Machtverteilung innerhalb der Paare machen zu können. Wir gingen von der Annahme aus, dass Gewalt gegenüber der Frau umso wahrscheinlicher ist, je grösser die Ungleichheit und das Machtgefälle in struktureller, organisatorischer, funktionaler und kultureller Hinsicht zwischen Mann und Frau ist.

Inwiefern diese Annahme zutrifft, soll in diesem Kapitel untersucht werden. Doch zunächst wenden wir uns der Frage zu, welche soziodemografischen Merkmale mit der Gewalt in Zusammenhang stehen.

Das Alter der Frauen bzw. ihrer Partner hat keinen Einfluss auf das Vorkommen von Gewalt. In allen Altersgruppen ist Gewalt etwa gleich stark verbreitet. Hingegen ist körperliche Gewalt etwas häufiger und psychische Gewalt ein wenig seltener, wenn zwischen den Partnern ein grosser Altersunterschied (10 Jahre und mehr) besteht oder wenn die Frau älter ist als der Mann.

Die Staatsangehörigkeit der beiden (AusländerInnen, binationale Ehen), die Sprachregion, der Wohnort (städtisch oder ländlich), der Bildungsgrad, die Schichtzugehörigkeit, ob Ehe- oder Konkubinatspaar und die Zahl der Kinder – all diese Faktoren stehen in keinem statistisch bedeutsamen Zusammenhang mit dem Vorkommen von Gewalt. Zwei Unterschiede konnten jedoch festgestellt werden: Die Deutschschweizerinnen berichten häufiger über psychische Gewalt als die welschen Frauen, und je länger eine Beziehung dauert, desto seltener kommt körperliche Gewalt vor.

Mit diesen Resultaten werden – einmal mehr – hartnäckige Vorurteile widerlegt, wie etwa dasjenige, dass Gewalt in Paarbeziehungen in erster Linie ein Problem von AusländerInnen und Angehörigen der Unterschicht sei.

4.1 Ausbildung und Arbeitsteilung

Für die meisten Schweizer Familien gilt noch immer, dass der Mann über eine bessere berufliche Ausbildung verfügt als die Frau. Unsere Annahme, dieses Ungleichgewicht begünstige das Vorkommen von Gewalt in der Partnerschaft, konnte durch die Ergebnisse der Telefonbefragung nicht bestätigt werden. Bei Paaren mit grossem Ungleichgewicht tritt Gewalt nicht signifikant häufiger auf als bei Paaren, in denen beide über eine vergleichbare Ausbildung verfügen. Ähnliches gilt für die Arbeitsteilung innerhalb der Familie. Die klassische Arbeitsteilung, bei der der Mann sich ausschliesslich der Berufsarbeit widmet, die Frau praktisch allein den Haushalt und die Kinderbetreuung besorgt und daneben eventuell noch teilzeitlich einer Erwerbsarbeit nachgeht, ist auch bei den Frauen der Stichprobe das häufigste Muster. Dies schlägt sich im Durchschnittseinkommen nieder, das bei den befragten Frauen rund Fr. 1'900.– im Monat beträgt, bei ihren Männern hingegen rund Fr. 6'000.–. Männer, die sich mit ihrer Partnerin die Hausarbeit teilen, und Väter, die die Hälfte der Kinderbetreuung übernehmen, sind mit rund 6.2% resp. 17.6% eine kleine Minderheit. Aber auch bei der von den Paaren praktizierten Arbeitsteilung konnte kein Zusammenhang mit der Häufigkeit von Gewalt festgestellt werden.

Das Ungleichgewicht zwischen Frau und Mann auf der strukturellen und organisatorischen Ebene der Partnerschaft, welches in der Regel auch eine wirtschaftliche Abhängigkeit der Frau beinhaltet, ist zwar weitverbreitet, scheint aber wider Erwarten das Vorkommen von Gewalt in den Beziehungen nicht zu begünstigen.

4.2 Macht und Dominanz in der Beziehung

Da unsere Untersuchung auf die Analyse von Gewalt gegen Frauen ausgerichtet ist, stellte sich die Frage, wie die Dominanz des Mannes innerhalb einer Beziehung erfasst werden kann. Zu diesem Zweck unterscheiden wir drei Dimensionen:

- die Macht innerhalb der Beziehung, die sich zum Beispiel darin äussert, wer bei einer Meinungsverschiedenheit das letzte Wort hat und wer sich bei Entscheidungen im täglichen Leben durchsetzt;
- der Zugriff des Mannes auf den Bereich der Frau am Beispiel der Kontrolle über ihr tägliches Leben und über ihre Sexualität;
- die Abwertung der Frau in Form von Kritik und Vorwürfen oder abfälligen Bemerkungen über ihr Aussehen und ihre Erscheinung.

Macht

Rund 60% der befragten Frauen geben an, dass sie bei Meinungsverschiedenheiten mit ihrem Partner einen Kompromiss[2] finden oder dass einmal der Mann, ein anderes Mal die Frau das letzte Wort habe. Bei diesen Paaren ist die körperliche und sexuelle Gewalt deutlich seltener (2.2%) als bei Paaren, wo die Frau und vor allem wo der Mann das letzte Wort hat (14%). Ähnliche Unterschiede bestehen bei der psychischen Gewalt. In dieselbe Richtung weisen auch die Resultate bezüglich der Entscheidungen des täglichen Lebens. Untersucht wurden die Bereiche Kinderwunsch, Erwerbsarbeit der Frau, Wohnung, Autokauf, Möbelanschaffung und Ferien. Wenn der Mann in mehreren Bereichen dominiert, ist das Risiko von körperlicher und sexueller Gewalt deutlich grösser, als wenn die Frau bei diesen Themen mehrheitlich das Sagen hat.

Der Zugriff des Mannes auf den Bereich der Frau

Die Kontrolle des Mannes über die Domänen der Frau (ihre Ausgaben, Freizeit, Erwerbsarbeit, die Hausarbeit usw.) erfassten wir mit Fragen nach der Häufigkeit der ausgeübten Kontrolle, der Zahl der kontrollierten Bereiche und danach, ob die Frau ihre sozialen Kontakte ihres Partners wegen eingeschränkt habe. Hier konnte nun ein enger Zusammenhang mit dem Vorkommen von Gewalt festgestellt werden. Frauen, die von ihren Partnern stark kontrolliert werden, sind zehnmal häufiger Opfer physischer Gewalt (34.5%) als Frauen, die nicht kontrolliert werden (3.4%). Bei der psychischen Gewalt lauten die Zahlen 65.8% gegenüber 18.4%.

Dass die Frau sexuelle Handlungen über sich ergehen lässt, die sie eigentlich gar nicht möchte, ist ein Indikator für die versteckte Macht des Mannes. Diese Situation kommt bei fast 10% der Frauen oft oder manchmal vor, bei 19% selten und bei 71.9% nie. Frauen, die oft mit ihrem Partner schlafen, obwohl sie es gar nicht möchten, erleben wesentlich häufiger körperliche und sexuelle Gewalt als Frauen, bei denen dies nicht vorkommt.

Abwertung der Frau

Etwas mehr als ein Viertel der befragten Frauen wird häufig oder gelegentlich wegen ihres Verhaltens oder ihrer Fähigkeiten und Meinungen vom Partner kritisiert, bei 46% kommt dies selten vor, und nur rund ein Viertel gibt an, nie von ihrem Partner kritisiert zu werden. Abfällige Bemerkungen und Kritik am Äusseren der Frau sind seltener, bei rund 72% der Befragten kommen sie nie vor. Werden diese beiden Formen von Kritik zusammengefasst und mit der Gewalt in Beziehung gesetzt, dann zeigt sich ein starker Zusammenhang: Frauen, die von ihren Partnern oft kritisiert werden, erleben 13mal häufiger körperliche und/oder sexuelle Gewalt als Frauen, die nicht kritisiert werden. Bei der psychischen Gewalt ist der Wert sogar 23mal höher.

Wenn wir nun die drei beschriebenen Dimensionen zu einem Dominanzindex zusammenfassen, zeigt sich ein deutlicher Zusammenhang zwischen der Dominanz des Mannes und dem Vorkommen von Gewalt: **79% der Männer, die schwere oder wiederholt Gewalt gegen ihre Partnerinnen ausüben, haben einen mittleren bis hohen Dominanzindex. Umgekehrt haben 79% der Männer, die keine Gewalt ausüben, einen schwachen Dominanzindex oder einen von Null.**

4.3 Kommunikation innerhalb und soziale Kontakte ausserhalb der Beziehung

Die Annahme, dass in einer Beziehung die Qualität der Kommunikation das Auftreten von Gewalt beeinflusst, liegt nahe. Um die Kommunikation zu beurteilen, haben wir die Frauen gefragt, ob sie mit ihrem

Mann über Probleme diskutieren, die sie beschäftigen, ob der Mann mit ihnen diskutiert, wenn ihn ein Problem beschäftigt, und ob sie mit ihrem Mann gut über Geldangelegenheiten sprechen können. Die Resultate bestätigen unsere Annahme: Dort, wo der Mann nie mit seiner Frau über Probleme spricht, die ihn bewegen, ist körperliche Gewalt sechsmal häufiger als bei Paaren, die häufig über solche Probleme sprechen. Wenn die Frau sich dem Mann nicht anvertraut, erhöht dies das Risiko von Gewalt ebenfalls. Auch die Wahrscheinlichkeit, dass in einer Beziehung wiederholt psychische Gewalt eingesetzt wird, ist grösser, wenn die beiden nicht miteinander über ihre Sorgen sprechen.

Um die soziale Einbettung des Paares zu erfassen, wurde für die Frau und für den Mann je ein Geselligkeitsindex erstellt, in welchen die Zahl der engen FreundInnen und die regelmässige Beteiligung an Gruppen-, Club- oder Vereinsaktivitäten einflossen. Der bereits aus andern Studien bekannte Zusammenhang konnte auch hier bestätigt werden: Je besser die beiden sozial eingebettet sind, desto geringer ist die Gefahr von Gewalt. Beim Mann ist dieser Zusammenhang noch deutlicher als bei der Frau. Das soziale Netz eines Paares übernimmt offenbar sowohl eine Unterstützungs- wie auch eine Kontrollfunktion. Ausserdem konzentrieren Paare mit wenig Aussenkontakten sämtliche emotionalen Bedürfnisse auf die Paarbeziehung, womit diese meist überfordert ist. Die Tatsache, dass gewaltbetroffene Frauen über wenig soziale Kontakte verfügen, kann sowohl als eine Ursache der Gewalt wie auch als Folge der durch ihren Partner ausgeübten Kontrolle interpretiert werden.

4.4 Gewalt in der Herkunftsfamilie

In verschiedenen Studien konnte gezeigt werden, dass Gewalt in den Herkunftsfamilien sowohl von Tätern wie von Opfern ehelicher Gewalt überdurchschnittlich oft vorkommt. Die Forschung schloss daraus, dass Gewalt ein erlerntes Verhalten ist. Auch wir haben deshalb Fragen zur Herkunftsfamilie der Partner gestellt, und zwar sowohl zur Gewalt des Vaters gegenüber der Mutter wie auch zur selbst erlittenen Gewalt in Form von Körperstrafen. Da zur Herkunftsfamilie des Mannes nur die befragte Frau Auskunft geben konnte, ist bezüglich dieser Ergebnisse eine gewisse Vorsicht angebracht.

Die Angaben der Frauen bestätigen frühere Untersuchungen. Tatsächlich kommt bei Männern wie Frauen, welche Gewalt – und zwar vor allem Gewalt zwischen den Eltern – bereits in ihrer Herkunftsfamilie regelmässig erlebt haben, Gewalt in der Partnerschaft häufiger vor als bei Personen, die dies nicht oder selten erlebt haben. Für Männer, die Gewalt in ihrer Kindheit kennengelernt haben, besteht also ein gewisses Risiko, diese Gewalt im Erwachsenenalter zu wiederholen. Und Frauen, deren Vater die Mutter und/oder die Kinder schlug, geraten mit grösserer Wahrscheinlichkeit in eine gewalttätige Beziehung als andere Frauen. Diese Zusammenhänge dürfen jedoch nicht als zwingende und unausweichliche Konsequenz betrachtet werden. Die Ursachen von Gewalt sind viel komplexer, und es gibt zahlreiche Kinder aus gewalttätigen Familien, welchen es gelingt, im Erwachsenenalter Gewalt zu vermeiden. Trotzdem muss es zu denken geben, wenn gemäss unserer Studie in über der Hälfte der Familien, in denen Gewalt vorkommt, die Kinder wiederum ZeugInnen dieser Gewalt werden. Und auch sie selbst werden vom Vater und/oder von der Mutter deutlich häufiger geschlagen als Kinder von Eltern, deren Beziehung nicht von Gewalt geprägt ist (vgl. Kapitel 6.2, S. 63f.).

4.5 Weitere Einflussfaktoren

Ein verbreitetes Klischee besagt, dass Männer, die ihre Frauen schlagen, Alkoholiker sind und dass sie nur schlagen, weil sie betrunken sind. Tatsächlich zeigt sich auch in dieser Studie, dass Männer mit häufigem Alkoholkonsum gewalttätiger sind als Männer, die gar keinen oder nur wenig Alkohol trinken. Daraus kann jedoch nicht geschlossen werden, dass Alkoholismus die Ursache für die Gewalt ist oder dass die gewalttätigen Auseinandersetzungen durch die Trunkenheit ausgelöst werden. Vielmehr muss davon ausgegangen werden, dass übermässiger Alkoholkonsum und Gewalt gegen die Partnerin zwei Strategien sind, mit denen Männer ihre Macht bestätigen und ihr Selbstwertgefühl stärken können. Beide Verhalten gelten in unserer Gesellschaft als Ausdruck von Männlichkeit.

Zusammenfassend stellen wir fest: Unsere Annahme, dass das Gewaltrisiko mit dem Ausmass der strukturellen und organisatorischen Ungleichheit zwischen Partnerin und Partner zusammenhängt, konnte nicht bestätigt werden. Das bedeutet jedoch nicht, dass diese Ungleichheit wirkungslos ist. Die geschlechtliche Arbeitsteilung, die untergeordnete Stellung der Frauen und ihre wirtschaftliche Abhängigkeit begünstigen oder ermöglichen allgemein Gewalt gegen Frauen. Innerhalb der Ehe und Partnerschaft entscheiden jedoch weniger die Verteilung der materiellen und bildungsmässigen Ressourcen, sondern vielmehr die Verteilung von Macht, Einfluss und Kontrolle sowie die Kommunikation und die sozialen Kontakte über das Auftreten von Gewalt. Etwas vereinfacht bedeutet dies: Das Risiko von Gewalt in einer Partnerschaft ist dort am grössten, wo der Mann eine überholte patriarchale Vorstellung der Beziehung zwischen den Geschlechtern hat und seiner Partnerin zu Hause seinen Willen aufzwingen will. Oder anders ausgedrückt: Männer werden ihren Partnerinnen gegenüber nicht deshalb gewalttätig, weil sie die Kontrolle über sich verloren haben – wie das oft behauptet wird –, sondern weil sie damit ihre Macht und Dominanz in der Beziehung aufrechterhalten und eventuell ausbauen wollen.

5. Gewaltbetroffene Frauen beschreiben ihren Beziehungsalltag

Aus den Aussagen der Frauen in den Interviews ergab sich ein plastisches Bild davon, wie Dominanz, Macht und Gewalt im Alltag miteinander zusammenhängen. Wir gehen diesen Zusammenhängen in den Bereichen Finanzen, Haushalt und Familie sowie Partnerschaft nach.

5.1 Finanzen

Obwohl die Berufstätigkeit der Frauen in der Schweiz in den letzten Jahren deutlich zugenommen hat, sind noch immer sehr viele Frauen finanziell von ihren Partnern abhängig, weil sie ausschliesslich Haus- und Familienarbeit ausführen oder nur Teilzeit bzw. gelegentlich erwerbstätig sind. Dies trifft auch für mehr als die Hälfte (17) unserer Stichprobe von gewaltbetroffenen Frauen zu. Lediglich 8 Frauen waren voll erwerbstätig. Weitere 5 Frauen waren in finanziell schwierigen Verhältnissen, ohne jedoch deswegen vom Partner abhängig zu sein (erwerbslos, invalid, in Ausbildung oder Asylbewerberin).

In einer gewalttätigen Beziehung kann sich die finanzielle Überlegenheit des Mannes in verschiedenen Formen von Gewalt äussern, die im Folgenden dargestellt werden.

Verweigerungen und Schikanen

Oft wird die Hausarbeit der Frau vom Partner nicht zur Kenntnis genommen und entsprechend gewürdigt. Die Frau erhält kaum genügend Haushaltsgeld, und für ihre eigenen Bedürfnisse bleibt erst recht nichts übrig. Die Ausgaben werden vom Partner genau kontrolliert. Er findet alle Kosten für die Frau (Coiffeuse, Zahnbehandlung, Schuhe, Krankenkassenprämien usw.) zu hoch, was er sie auch spüren lässt, oder er weigert sich gar, die Rechnungen zu bezahlen. So kommt es, dass einzelne Frauen die Krankenkassenprämie oder die Zahnarztrechnung aus ihren Ersparnissen begleichen.

Manche Männer halten ihre Frau in totaler finanzieller Abhängigkeit, indem sie ihr sämtliche Verfügungsgewalt über Geld verweigern und behaupten, sie sei ausserstande, mit Geld umzugehen. Einzelne Frauen arbeiten im Geschäft des Mannes mit, machen das Sekretariat oder die Buchhaltung, ohne dafür einen Rappen zu bekommen. Andere müssen um jeden Franken Haushaltsgeld betteln und über sämtliche Auslagen Rechenschaft ablegen.

Nur wenige der interviewten Frauen erhalten vom Mann monatlich eine fixe Summe, das ständige Betteln-Müssen ist erniedrigend. Die Männer geben lieber Geld, wenn es ihnen passt und wenn die Frau lieb gewesen ist.

> «Also wenn ich einkaufen gehen wollte, musste ich Geld verlangen. Hatte ich nicht mit ihm geschlafen, gab es kein Geld. Wenn ich am Abend vorher zum Beispiel gesagt hatte: Hör mal, ich bin müde, nein, ich muss noch … Es musste jeden Abend sein, man durfte keinen auslassen, offenbar gehört das für den Mann dazu, jeden Abend. Für mich nicht, aber für ihn schon. So war das. Er hatte es immer in der Hand. Wenn ich nicht mit ihm geschlafen hatte, bekam ich freitags kein Geld für den Wochenendeinkauf. So einfach war das. Es war ein richtiger Krieg. Wenn ich also wirklich Geld wollte, spielte ich die reizende Gattin, schwieg und lächelte.» Marion

Mehrere Männer verweigern den Frauen Einblick in ihre finanzielle Situation, geben keine Auskunft über ihren Lohn und ihr Bankkonto.

Es kommt auch vor, dass Frauen, die dank ihrer Erwerbstätigkeit eigentlich finanziell unabhängig sind, von ihren Partnern ausgebeutet werden. Diese Männer lassen sich aushalten, ohne für Haushalt oder Kinderbetreuung einen Finger zu rühren. Manche nehmen der Frau den Lohn ab und geben ihr nicht einmal ein Taschengeld. In mehreren Fällen musste die Frau für die Schulden ihres Mannes aufkommen. Oder sie entdeckte plötzlich, dass der Mann die Miete während Monaten nicht bezahlt hatte, und musste sie selbst bezahlen, um die Wohnung nicht zu verlieren. Auch nach einer Trennung versuchen die Männer weiterhin Druck auf die Frau auszuüben, indem sie die Unterhaltsbeiträge nicht bezahlen.

5.2 Haushalt und Familie

Von den 30 befragten Frauen geben 23 an, von ihrem Partner keine Hilfe bei der Hausarbeit zu erhalten.

> «Ich musste immer alles machen, zum Beispiel nachts aufstehen wegen der Kinder, das hat er nie gemacht. Wenn man notfallmässig zum Arzt musste, weil etwas passiert war, konnte ich mich nie auf ihn verlassen. Im Haushalt war es dasselbe, ich hatte immer die volle Verantwortung, er half mir nie. Hingegen wenn wir Besuch hatten, dann tat er geschäftig, machte die ganze Küche, räumte auf, half mit, gab sich auch eher mit den Kindern ab, wie um sich auch hier von seiner guten Seite zu zeigen.»
>
> Suzanne

Manche Männer helfen ihren Partnerinnen am Anfang der Beziehung, hören aber bei der Geburt des ersten Kindes damit auf. Sie fühlen sich in keiner Weise für Haushalt und Kinderbetreuung zuständig, sondern betrachten das als alleinige Aufgabe der Frau. Nach dem klassischen Modell der Arbeitsteilung sind sie hauptsächlich für den Unterhalt der Familie zuständig. In sechs Fällen trug der Mann aber nicht einmal etwas zum Unterhalt bei, machte nichts im Haushalt und zog sich aus allen Bereichen zurück.

Der Partner von Yvette, die Vollzeit erwerbstätig ist, macht ebenfalls nichts im Haushalt und respektiert nicht einmal ihre Arbeit:

> «Nichts, nein, rein gar nichts! Ich sage Ihnen, er räumt nicht einmal seine Tasse weg, er trinkt einen Kaffee in der Stube und räumt seine Tasse nicht weg. Ich bin es, die sie am andern Tag beim Aufstehen wegräumt. Er hinterlässt Brotkrümel, er … Was ich auch immer mache im Haushalt, er kommt daher, schneidet Brot, macht irgendetwas, hinterlässt Krümel … Ich lege seine saubere Wäsche zusammen, bügle sie, versorge sie in seinem Schrank, dann kommt er und sucht etwas, zieht oben etwas heraus, unten etwas heraus, wirft alles durcheinander, also er respektiert meine Arbeit überhaupt nicht …» Yvette

5.3 Partnerschaft

Wir haben im letzten Kapitel gezeigt, dass die Gewalt dort viel häufiger vorkommt, wo der Mann über seine Partnerin Kontrolle ausübt. Diese Männer sehen ihre Frau nicht als eigenständige Partnerin, sondern wollen sie unterwerfen und ihr Leben total beherrschen.

5.3.1 Kontrolle

Die Kontrolle tritt in verschiedenen Formen auf, in offensichtlichen und in subtilen, die manchmal gar nicht als solche erkannt werden.

Überwachung

Alle dreissig interviewten Frauen werden von ihren Partnern überwacht, viele sogar ständig. Sie fühlen sich nicht frei, das zu tun, was sie möchten, da der Mann immer hinter ihnen her ist. Die Männer ertragen es nicht, dass die Frau etwas machen könnte, das sie nicht wissen. Sie müssen alles unter Kontrolle haben: was sie macht, was sie einkauft, wohin sie geht, mit wem sie spricht, wen sie trifft, wer ihre FreundInnen sind.

Häufig werden auch die Telefongespräche kontrolliert. Manche Frauen müssen jedes Mal ein Verhör über sich ergehen lassen, sobald sie den Hörer aufgelegt haben. Ein Mann hat den Apparat ausgewechselt, weil beim neuen Modell die angerufene Nummer automatisch gespeichert wird. Ein anderer hat seiner Frau die Liste der Gespräche eines Monats vorgelegt und von ihr Rechenschaft verlangt. Solches Verhalten macht den Frauen Angst, manche benützen das Telefon nicht mehr. Sicher ist das Telefon nicht zufälligerweise Gegenstand all dieser Kontrollen. Es ist ein Kommunikationsmittel, das es den Frauen erlaubt, aus der Isolation des Haushalts zu entfliehen und Kontakte zu Verwandten, Bekannten und FreundInnen zu pflegen. Für den Mann ist es eine Bedrohung, weil es seine Herrschaftsstrategien unterläuft.

Das Telefon kann aber auch als Überwachungsinstrument benutzt werden. Mehrere Männer rufen die Frau zu unterschiedlichen Zeiten an, um sich zu erkundigen, ob alles in Ordnung ist, oder auch nur, um wieder aufzulegen, sobald die Frau abgenommen hat. Auch Freundinnen werden angerufen, um sich zu vergewissern, dass die Frau wirklich dort ist.

Die subtilste Form der Kontrolle ist zweifellos diejenige, die die Frau verinnerlicht hat. Sie informiert ihren Mann von sich aus über jeden ihrer Schritte. So haben mehrere Frauen angegeben, dass ihr Mann sie nicht kontrollieren müsse. Er wisse auch so immer, wo sie sei und was sie tue. Das unangenehme Gefühl, unter ständiger Kontrolle zu stehen, werden die Frauen jedoch nicht los.

Verbote

Am einfachsten kann man eine Person kontrollieren, indem man ihr Verbote auferlegt. Sanktionen für Übertretungen sind bei den Frauen oft nicht nötig, sie kennen die Angst gut genug, um auch ohne Strafandrohung die Verbote ihrer Männer einzuhalten.

«Er hat mir verboten, meine Mutter und meine Schwester zu sehen. Also sagte ich zu ihnen: Kommt nicht mehr! Ich bin darauf eingegangen, weil ich Angst hatte, und wenn du Angst hast … dann eben …» Marion

Die Frauen werden wie kleine Kinder behandelt, denen man vieles verbietet, zu «ihrem eigenen Wohl»: keine Bücher oder Heftchen lesen, nicht fernsehen, ausser wenn der Mann fernsieht, gewisse Kleider nicht tragen usw. Manche Frauen mussten Aktivitäten aufgeben, die ihnen wichtig waren, wie zum Beispiel Turnen, Singen oder Musik. Die Frauen haben kein Recht auf Vergnügen und Entspannung, vor allem nicht in Abwesenheit des Mannes. Sie haben keinen Anspruch auf eine Existenz ausserhalb der Familie und unabhängig vom Mann. Dieser sieht in jeder eigenen Aktivität der Frau eine Bedrohung. Er hält sie in einer Situation der Abhängigkeit, um sie so besser überwachen zu können.

Versteckte Kontrolle

Es gibt auch versteckte Formen der Kontrolle, bei denen die Frauen nicht mit Verboten eingeschränkt werden, im Gegenteil, der Mann gibt vor, ihnen alles zu erlauben: auswärts arbeiten, ausgehen, Weiterbildungskurse besuchen, in Vereinen mitmachen, Sport treiben usw. Und trotzdem fühlen sie sich unter Druck: Manche Männer holen ihre Frauen täglich von der Arbeit ab, um ihnen eine Freude zu machen, wie sie sagen. Andere machen Bemerkungen über die Kleidung der Frau, wenn sie sich zum Ausgehen bereit macht, oder sie kritisieren die Leute, mit denen sie den Abend verbringen will. Sie beklagen sich über die Abwesenheit der Frau oder sind schlechter Laune, wenn sie nach Hause kommt. Sie haben nichts gegen eine Erwerbstätigkeit der Frau, sofern der Haushalt nicht darunter leidet usw. Mit diesem Verhalten soll den Frauen klargemacht werden, dass sie ins Haus gehören und in erster Linie Ehefrau und Mutter zu sein haben. Sie sollen das Interesse an eigenständigen Aktivitäten verlieren. Die Doppelbotschaft lautet: Ich verbiete dir nichts, aber ich möchte, dass du bei mir bleibst. Oder: Mach, was du willst, aber wenn es Probleme gibt, bist du schuld. Die Frauen haben also die Wahl, entweder sich gewisse Freiheiten herauszunehmen und nachher mit Schuldgefühlen und Vorwürfen zu büssen oder auf ihre persönlichen Bedürfnisse zu verzichten.

Eifersucht

Gewalttätige Männer sind sehr oft eifersüchtig. Sie verbieten der Frau jeden Ausgang, nicht nur mit Männern, sondern auch mit Freundinnen oder Verwandten. Sie betrachten die Frau als ihr Eigentum, das sogar vor den Blicken anderer Männer bewahrt werden muss. Manche sind eifersüchtig auf alle Männer, die ins Haus kommen, und seien es die eigenen Freunde. Sobald ein Gast der Frau etwas näher kommt, muss der Mann wieder klar machen, wer der Besitzer ist. Diese Eifersucht kann geradezu zwanghaft werden.

> «Er sagte sogar einmal: Ich weiss, dass du mit dem Pfarrer schläfst. Wirklich, das war so blöd, dass man darauf gar nicht hätte antworten sollen. Doch ich wurde wütend, und das war ein Fehler. Ich erinnere mich, dass ich hier, in diesem Zimmer, ihn einmal auf den Knien angefleht habe, mir doch endlich zu glauben. Doch da habe ich mich selbst so herabgesetzt, das sass in meinem Kopf, ich habe mich selbst so schlecht gemacht, dass ich mich nachher schämte dafür, und ich war ihm böse, dass er mich so weit gebracht hatte, mich für etwas zu entschuldigen, das ich gar nicht getan hatte. Und damals hat es angefangen … Ich muss sagen, von da an habe ich ihn nicht mehr geliebt. Wirklich, von da an galt er mir nichts mehr.» Janine

Soziale Isolierung

Ein anderes Mittel der Kontrolle über die Frau besteht darin, sie sozial völlig zu isolieren. Der Ehemann übt Druck auf die Frau aus, kritisiert die Leute, die sie gerne hat, verlangt Rechenschaft, wenn sie jemanden getroffen hat, wirft ihr vor, mit Freundinnen oder Verwandten zu telefonieren. In der Folge geben manche Frauen ihre Kontakte auf oder schränken sie stark ein, weil ihnen der Preis dafür zu hoch erscheint. Manche pflegen ihre Kontakte im Versteckten, andere wollen sich dem Willen des Mannes nicht unterwerfen und gehen das Risiko von Gewaltausbrüchen ein.

Manchmal benehmen sich die Männer so unmöglich vor Gästen, dass diese das Weite suchen und nicht wiederkommen. Der Ehemann zeigt seine Eifersucht bei jeder freundschaftlichen Geste eines männlichen Bekannten gegenüber seiner Frau. Die Bekannten wissen dann nicht mehr, wie sie sich verhalten sollen, und brechen den Kontakt zur Frau ab. So zieht sich die Umgebung des Paares langsam zurück, Besuche und Einladungen bleiben aus. Die Folgen bekommen vor allem die Frauen zu spüren, denn die Männer behalten in der Regel ihre Freunde, die sie ausserhalb des Familienkreises treffen.

Manche Frauen stellen plötzlich fest, dass sie völlig isoliert sind und weder zu Verwandten noch zu Freundinnen eine Beziehung haben, sie können nicht erklären, wie es dazu gekommen ist. Je grösser die Isolation, desto mehr sind sie vom Mann abhängig, ihm ausgeliefert. Es ist niemand mehr da, die oder der ihnen dabei helfen würde, sich aus der Gewalt des Mannes zu befreien.

5.3.2 Kommunikation und Entscheidungen

Wie wir bereits ausgeführt haben, tritt Gewalt gegen Frauen vor allem dort auf, wo die Verständigung zwischen Frau und Mann schlecht funktioniert. Diese Paare tauschen sich kaum über Probleme aus, diskutieren nicht ernsthaft miteinander, unternehmen kaum etwas gemeinsam, ausser vielleicht fernsehen, was das Gespräch nicht gerade fördert.

Aus den Aussagen der Frauen wird deutlich, dass es hauptsächlich die Männer sind, die das Gespräch verweigern, während die Frauen gerne mehr diskutieren würden.

> «Er sagte nicht viel, wirklich nicht viel, bei Tisch ass er und sprach nicht. Wenn ich mit ihm redete, antwortete er nicht oder sagte einfach, jaja, fertig. Nachher ging er fernsehen. Und dann, vor dem Fernseher, durfte ich auch nicht mit ihm reden, weil gerade die Tagesschau lief, gut, einverstanden, aber nachher, weil er sich einen Film ansehen wollte oder etwas anderes, schliesslich gingen wir zu Bett. Manchmal stellte ich dann noch eine Frage, dann sagte er: Also jetzt ist genug, morgen müssen wir wieder arbeiten. So war es immer.» Luisa

Viele Männer sprechen nicht über sich, behalten ihre Gefühle und Sorgen für sich, manche verweigern das Gespräch ganz. Damit wollen sie ihre Überlegenheit beweisen, sich keine Blösse geben und verhindern, dass ihre Person und ihre Position in Frage gestellt werden. Die Männer, die den Standpunkt ihrer Frau nicht anhören wollen, unterbrechen sie einfach, sprechen lauter oder verweigern die Diskussion. Damit beweisen sie, dass sie die Herren im Hause sind, und die Frauen geben es mit der Zeit auf, ihre Meinung verteidigen zu wollen.

Die Partnerinnen gewalttätiger Männer wissen aus Erfahrung, dass es zum Streit kommt, wenn sie im Konfliktfall auf ihrem Standpunkt beharren. Viele geben daher zum vornherein nach, um einen Streit und damit die Gefahr von Gewalt zu vermeiden.

Dann gibt es das Phänomen, dass der Mann einfach eines Tages eigenmächtig über Dinge bestimmt, die früher von beiden je einzeln oder aber gemeinsam beschlossen wurden.

> «Wir wohnen in den Bergen. Seit vier Jahren sind wir jetzt da. Und alle Ferien verbringen wir in den Bergen. Mein Wunsch

wäre, einmal ans Meer zu fahren. Auch wenn es nur für eine Woche ist, ich meine, wir müssen da nicht einen Monat bleiben. Aber das kommt für meinen Mann nicht in Frage.» Mireille

Der Mann tut so, als seien früher getroffene Entscheide unveränderbar, und verweigert jede Diskussion darüber. Es handelt sich bei solchem Verhalten um eine subtile Form von Macht, welche von der betroffenen Frau nicht immer also solche wahrgenommen wird.

Es gibt aber auch Situationen, in denen anscheinend Übereinstimmung herrscht: Die Frau weist dem Mann die Kompetenz zu, Entscheide bezüglich der Familie zu treffen. Sie hat das Bild des starken, beschützenden Mannes verinnerlicht und unterzieht sich seinem Willen, wodurch lange Diskussionen und allfällige Konflikte vermieden werden. Da die Frau in der Rolle der Ehefrau und Mutter, die sich für die Familie aufopfert, erzogen ist, hat sie oft Mühe, eigene Wünsche zu äussern. Meist kümmert sie sich zuerst um die Bedürfnisse des Mannes, einige verleugnen sogar ihre eigenen und übernehmen diejenigen des Partners.

6. Die Auswirkungen der Gewalt

Aus der Literatur ist bekannt, dass das Leben geschlagener Frauen durch andauernden, starken Stress geprägt ist und dass Gewalt nicht nur körperliche Verletzungen zur Folge hat, sondern in schweren Fällen richtige Traumata, ähnlich denen von Kriegs-, Katastrophen- oder Folteropfern. Ein Aspekt kommt bei den gewaltbetroffenen Frauen erschwerend hinzu: Sie leben mit dem Täter zusammen, er ist in der Regel der Vater ihrer Kinder, von ihm erwarten sie Zuneigung und Unterstützung. Deshalb sind sie hin- und hergerissen zwischen Gefühlen der Liebe, der Auflehnung und des Verratenseins. Vom eigenen Partner in den eigenen vier Wänden angegriffen zu werden, ist meist schwerwiegender und hinterlässt oft grössere seelische Wunden als ein Überfall durch einen Unbekannten.

6.1 Auswirkungen auf die Frauen

Die interviewten gewaltbetroffenen Frauen berichten über zahlreiche Verletzungen und sichtbare Zeichen körperlicher Gewalt: Blutergüsse, Kratzer, Wunden, geschwollene Gesichter, zerschundene Knie. In schwereren Fällen hatten sie gebrochene Glieder, Verstauchungen, Muskelrisse, offene Wunden am Kopf, äussere Blutungen, ausgerissene Haarbüschel usw. Manche Frauen sind durch die Verletzungen beträchtlich eingeschränkt und leiden über längere Zeit unter Schmerzen am ganzen Körper oder an einzelnen Körperteilen.

Die meisten Frauen lassen ihre Verletzungen – aus unterschiedlichen Gründen – nicht ärztlich behandeln. Manche fürchten, ihnen würden die Kinder weggenommen, wenn auskäme, dass ihr Mann gewalttätig ist. Oder sie meinen, man nehme sie sowieso nicht ernst oder verstehe sie nicht. Sie schämen sich dessen, was geschehen ist, und haben Angst, nach einem Arztbesuch noch mehr Schläge zu erhalten.

Wenn eine Frau auf die sichtbaren Folgen der Gewalt angesprochen wird, erfindet sie oft Ausreden, um nicht über ihr Problem sprechen zu müssen: Sie ist die Treppe hinuntergestürzt, in die Tür gerannt, ein Kind hat einen Gegenstand nach ihr geworfen usw. Manche Verletzungen werden mit der Kleidung (lange Ärmel, Rollkragen, Stirnband usw.) oder mit Schminke vertuscht.

Die Schläge können auch psychosomatische Folgen haben: Ekzeme, Kopfschmerzen, gynäkologische Infektionen werden von den Frauen mit der erlittenen Gewalt in Zusammenhang gebracht. Manche verweigern danach den sexuellen Verkehr mit ihrem Mann.

Über die Auswirkungen der erlebten sexuellen Gewalt zu sprechen, fiel den befragten Frauen besonders schwer. So können wir nur einzelne Beispiele aufzählen: Eine Frau wurde nach einer Vergewaltigung unerwünscht schwanger. Eine entwickelte einen Waschzwang. Andere berichten über schwerwiegende sexuelle Probleme, können sich keine sexuellen Beziehungen mehr vorstellen oder können sie nicht mehr geniessen. Manche verzichten lieber, als sich auf erniedrigende sexuelle Kontakte einzulassen.

Die körperlichen, psychischen und sexuellen Gewalterlebnisse wirken sich auch auf das Wohlbefinden und auf die psychische Verfassung der Frauen negativ aus. Manche leben in Angst und Schrecken und wagen nicht einzuschlafen, aus Angst, der Mann könnte das Sturmgewehr holen. Andere haben Schlafstörungen oder sind krank. Einzelne haben sogar an Selbstmord gedacht.

> «Auf jeden Fall fühlte ich mich lange Zeit nur im Frauenhaus wohl. Sobald ich durch die Tür hinaus trat, war sie wieder da, meine Angst, ich war einfach unruhig. Wohin ich auch ging, ich war unruhig … Er hat mich krank gemacht, das ist sicher. Ich geriet in eine Depression, weil ich nichts mehr wert war, ich hatte keine Achtung mehr vor mir. Alles war mir verleidet, das

Leben war mir verleidet, ich sah nicht ein, wofür ich leben sollte, ich hatte genug von allem.» Romane

Die meisten Frauen stellen fest, dass sie das Selbstvertrauen verloren haben. Sie zweifeln an ihren Fähigkeiten, zu Hause und bei der Erwerbsarbeit. Sie haben ein sehr schlechtes Bild von sich selbst, verlieren jede Energie und Lebenslust. Ausserdem misstrauen sie ihrem Ehemann und den Männern im Allgemeinen. Wie wir bereits aufgezeigt haben, sind sie oft sozial völlig isoliert, ohne FreundInnen, ohne Vertrauensperson.

Diese Ergebnisse aus den Interviews werden bestätigt durch die Resultate der telefonischen Befragung, in der ebenfalls Fragen zum subjektiven Gesundheitszustand und zum Wohlbefinden gestellt wurden. Körperlich misshandelte Frauen und solche, die oft psychische Gewalt durch ihren Partner erfahren haben, fühlen sich gesundheitlich schlechter als andere Frauen.

Gewaltbetroffene Frauen geben an, öfter lustlos zu sein, keine Energie zu haben; sie sind häufiger müde, vor allem aber sehr viel öfter traurig und ängstlich als Frauen, die nicht in einer Gewaltbeziehung leben. Die Gewalterlebnisse berühren die Frauen in ihrem Innersten, beeinträchtigen ihre Lebensenergie und ihr Sicherheitsgefühl.

Angesichts der Abhängigkeit und Unterlegenheit der gewaltbetroffenen Frauen erstaunt es nicht, dass sie häufiger als andere Frauen den Eindruck haben, ihr Leben nicht selbst beeinflussen zu können. Auch ist ihr Selbstbild negativer, sie glauben, wenig Qualitäten zu besitzen, und können kaum etwas nennen, worauf sie stolz sind. Allerdings sind hier die Unterschiede zwischen den beiden Gruppen von Frauen relativ gering.

Der Konsum von Medikamenten, Alkohol und anderen Drogen ist eine häufige Reaktion auf psychosozialen Stress. In unserer Befragung haben wir festgestellt, dass Frauen, die mit körperlicher und/oder sexueller Gewalt konfrontiert waren, doppelt so häufig Beruhigungsmittel konsumieren wie Frauen, die keine Gewalt erlebt haben. Sie greifen auch öfter zu Schlafmitteln und Antidepressiva.

Hingegen nehmen die gewaltbetroffenen Frauen kaum Zuflucht zu Alkohol oder anderen Drogen. Das mag vor allem damit zu tun haben, dass Trinken, insbesondere übermässiges Trinken, traditionellerweise ein männliches Verhalten ist, Frauen greifen eher zu Medikamenten.

6.2 Inwiefern sind Kinder mitbetroffen?

Aus ausländischen Studien ist bekannt, dass die Erfahrung von Gewalt in der Herkunftsfamilie (zwischen den Eltern und am eigenen Leib) das Risiko von Gewalt im Erwachsenenalter vergrössert. Deshalb wollten wir wissen, ob die Kinder bei den Auseinandersetzungen der Eltern zugegen sind und ob die Eltern ihre Kinder schlagen.

Über die Hälfte der Kinder, in deren Familie körperliche Gewalt vorkommt, werden oft oder gelegentlich ZeugInnen der Gewalt. Bei 30% kommt dies selten vor, und nur 13% der Kinder bleiben ganz verschont.

Rund zwei Drittel der gewalttätigen Ehemänner schlagen zwar ihre Frau, nicht aber ihre Kinder. Trotzdem ist bei den schlagenden Männern der Anteil der Väter, die ihre Kinder schlagen, rund viermal so hoch wie bei den Männern, die ihre Frau nicht schlagen. Aber auch die geschlagenen Frauen züchtigen ihre Kinder häufiger als andere Frauen, ja sogar häufiger als die schlagenden Männer. Dies mag vor allem zwei Gründe haben: Wie wir gezeigt haben, sind die Frauen meist allein für die Kinder zuständig und verbringen am meisten Zeit mit ihnen, haben daher mehr Gelegenheit und Anlass zu Körperstrafen. Es ist aber auch naheliegend, dass sich die Probleme mit dem Ehemann und die seelische Anspannung der Frauen negativ auf ihre Beziehung zu den Kindern auswirken, sie sind nervös und verlieren rasch die Geduld.

Gewalt in Ehe und Partnerschaft hat also nicht nur gravierende Auswirkungen auf die Gesundheit und das Wohlbefinden der Frauen, sie betrifft in den allermeisten Fällen direkt oder indirekt auch die Kinder.

7. Reaktionen und Strategien der gewaltbetroffenen Frauen

Frauen, die von ihren Partnern gewalttätig behandelt werden, bleiben nicht untätig, sondern reagieren in irgendeiner Form auf die Gewalt. Dabei können unmittelbare, spontane Reaktionen und erst im Verlauf der Zeit entwickelte Strategien unterschieden werden. Manche Frauen trennen sich von ihrem gewalttätigen Partner, andere haben ihre Gründe zu bleiben.

7.1 Unmittelbare Reaktionen

Die erste Reaktion der Frauen auf körperliche Gewalt besteht meist darin, dass sie ihren Gefühlen Ausdruck geben: Sie weinen, schreien oder beschimpfen den Mann. Einige verlassen das Haus oder rufen jemanden an. Die Interviews mit den gewaltbetroffenen Frauen haben gezeigt, dass die Frauen nicht – wie oft angenommen wird – passive Opfer sind, die die Gewalt einfach über sich ergehen lassen. Die meisten wehren sich in irgendeiner Form dagegen. 23 der 30 Frauen wenden ebenfalls Gewalt an, meist indem sie den Mann beschimpfen oder schlecht machen. Dass Frauen körperlich zurückschlagen, kommt eher selten vor (6 von 30 Frauen taten dies ab und zu), und führt im Gegensatz zur Gewalt des Mannes nicht zu Verletzungen.

> «Ich habe ihn geschüttelt. Er wollte mir das Kind nicht zurückgeben, deshalb habe ich ihm ein wenig mit den Fäusten auf die Brust getrommelt. Das hat jedoch keine Spuren hinterlassen, ich habe ihm bestimmt nicht weh getan. Es hat nur kurz gedauert, und ich hätte gar nicht die Kraft, um ihm wirklich weh zu tun.»
>
> Romane

Die Gewalt der Frauen unterscheidet sich von derjenigen der Männer sowohl bezüglich der eingesetzten Kraft und der Situation, in der sie stattfindet, wie auch der damit verbundenen Absicht. Den Frauen geht es in den meisten Fällen darum, sich zu verteidigen oder deutlich zu machen, dass sie nicht einverstanden sind mit dem, was der Mann tut.

> «Er hat angefangen. Er wollte mir die Kleider vom Leib reissen, dann hat er mir eine Ohrfeige gegeben, und ich habe ihm eine zurückgegeben.»
> Claire

Alle interviewten Frauen haben nicht nur Gewalt erfahren, sie haben dazu noch Partner, die sich oft um die Familie foutieren. Sie sind kaum zu Hause, kümmern sich nicht um die Kinder, lassen die Frau sogar am Wochenende mit den Kindern allein. Dieses Verhalten macht viele Frauen wütend, manche reagieren gelegentlich mit Gewalt.

> «Ich schrie ihn an, weil er absolut keine Verantwortung für die Beziehung übernahm. Er lebte noch immer, als ob er ledig wäre, ohne Verantwortung, wirklich absolut ohne Verantwortung. Er wusste nicht einmal, wann Schulferien waren oder wieviel ich für die Miete bezahlen musste, nichts. Er kümmerte sich um nichts.»
> Gloria

7.2 Strategien im Umgang mit Gewalt

In den Interviews haben die 30 gewaltbetroffenen Frauen über zahlreiche Überlebens-, Anpassungs- und Widerstandsstrategien berichtet, die hier dargestellt werden.

Zunächst sind da die zum Teil unbewussten Strategien zu erwähnen, die darin bestehen, die erlebte Gewalt zu verleugnen, herunterzuspielen, zu banalisieren oder abzuspalten (die Frau sieht sich von aussen zu, steht ausserhalb des Körpers, der geschlagen oder vergewaltigt wird). Diese (Abwehr-)Mechanismen dienen dazu, das Unerträgliche erträglich zu machen.

Neben solchen mentalen Strategien verfügen die Frauen auch über zahlreiche Verhaltensstrategien, mit denen sie sich schützen und verteidigen sowie versuchen, sich der Gewalt oder Kontrolle zu entziehen. Wir haben diese Verhaltensstrategien in vier Gruppen eingeteilt.

Rückzug

Weil sie sich nicht wehren kann, versucht die Frau, die Gewalt zu verhindern: Sie beschwichtigt, lässt alles geschehen, ordnet sich dem Willen des Mannes unter, schränkt sich selbst ein in Worten und Verhalten. Sie fürchtet, noch mehr Gewalt zu provozieren, wenn sie sich wehrt. Sie weiss, dass sie sowieso keine Chance hat, dass der Mann auf jeden Fall seinen Willen durchsetzen wird.

Vermeidung

Um der ständigen Kontrolle des Mannes wenigstens zeitweise zu entfliehen und wieder einmal Verwandte zu besuchen oder mit einer Freundin auszugehen, wendet die Frau Tricks (Lügen, Listen) an. Diese dienen auch dazu, sich den «ehelichen Pflichten» zu entziehen oder sich einen Freiraum zu schaffen.

> «Ich wollte nicht mit ihm verreisen, also sagte ich ihm, ich könne nicht zur gleichen Zeit Ferien nehmen wie er. Er bestand darauf, dass ich zwei Wochen Ferien verlangte. Ich tat so, als ginge es nicht, doch ich nahm die Ferien zur gleichen Zeit. Ich bin also nicht mit ihm verreist.» Luisa

Widerstand

Manche Frau beginnt sich zu wehren, wenn sie findet, der Mann sei zu weit gegangen. Für die eine ist dieser Punkt mit einer Ohrfeige erreicht, für die andere erst, wenn er die Kinder schlägt. Wenn sich die Frau im Recht fühlt, wagt sie es vielleicht, sich zu wehren. Manchmal hat sie auch ganz einfach nichts zu verlieren. Einzelne leisten erst Widerstand, nachdem sie sich zu einer Trennung entschlossen haben.

Nur drei der interviewten Frauen machten schon beim ersten Gewaltakt deutlich, dass sie sich das nicht gefallen lassen, und reichten Klage ein, verliessen die Wohnung oder stellten Bedingungen.

> «Ich bin nicht zum Vergnügen zur Polizei gegangen. Zum Glück habe ich das gemacht, denn später, bei anderen Auseinandersetzungen, als mein Mann die Hand gegen mich erheben wollte, hat er eingehalten und gesagt: Wie auch immer, ich habe beschlossen, dich nicht mehr zu schlagen. Aber er hatte gar nichts beschlossen, was ihn daran hinderte, war, dass ich Klage eingereicht hatte, dass er von der Polizei vorgeladen wurde und sein Anwalt ihm sagen musste: Sie übertreiben es. Das ist es, was ihn stoppen kann, sonst weiss ich nicht, was ihn bremsen könnte, wenn wir zwei alleine sind.» Simone

Einigen Frauen gelang es, die körperliche Gewalt zu stoppen oder zu vermindern, indem sie deutlich machten, dass sie dies nicht mehr zulassen würden. Allerdings konnten sie damit nicht verhindern, dass der Mann weiterhin psychische Gewalt ausübte.

Die dargestellten Strategien werden – je nach Situation – von allen Frauen angewendet. Doch haben wir festgestellt, dass die Frauen bei schwerer körperlicher und sexueller Misshandlung eher zum Stillhalten neigen und Widerstandsstrategien dort zum Einsatz kommen, wo die Gewalt des Mannes tendenziell leichtere Formen annimmt und selten vorkommt. Die Frauen, die der Gewalt bereits in den Anfängen ein Ende haben setzen können, sind ökonomisch unabhängig oder haben zumindest keine Kinder zu betreuen. Frauen, die ausschliesslich psychische Gewalt erfahren, greifen öfter zu Vermeidung und Widerstand. Sie leben mit einer Ausnahme noch mit ihrem Partner zusammen, sind berufstätig und könnten wenn nötig für sich alleine aufkommen. Dadurch sind sie vielleicht in einer besseren Ausgangslage, um sich gegen die Gewalt ihres Partners zu wehren.

Trennung

16 der 30 Frauen haben es geschafft, sich definitiv von ihrem Partner zu trennen, bei fünf von ihnen waren mehrere Anläufe nötig.

Trennung ist für manche Frauen ein schwieriger Prozess, der viel Zeit und eine gute Vorbereitung braucht. Einerseits müssen sich die Frauen eingestehen, dass ihre Beziehung gescheitert ist, sie verlassen einen Mann, den sie einmal geliebt haben, und sie müssen sich von einer Beziehung verabschieden, an die sie einmal geglaubt haben. Anderseits müssen verschiedene materielle Voraussetzungen für den Vollzug der Trennung geschaffen werden (Wohnung, Einkommen, Kinderbetreuung usw.). Bei einzelnen Frauen dauerte es über zehn Jahre, bis sie soweit waren, dass eine Trennung in Würde möglich wurde.

Anhand der Interviews haben wir drei Phasen der Trennung unterscheiden können:

1. Die Gewalt verleugnen und ausharren

Alle Frauen hatten Mühe, den Beginn der Gewaltanwendung genau zu bezeichnen, vor allem wenn es um psychische Gewalt ging. Sie dachten zunächst, solche Erfahrungen seien unvermeidlich, nicht so wichtig und nicht so schlimm.

2. Das Problem erkennen und an Trennung denken

Mit der Zeit – wenn die Gewalt häufiger und die guten Momente seltener werden – fällt es den Frauen schwer, das Problem zu verleugnen. Sie müssen sich klar werden darüber, dass der Alltag so nicht weitergehen kann. Gedanken an Trennung kommen auf. Doch vom Gedanken bis zu seiner Realisierung ist ein weiter Weg mit vielen Hindernissen.

Manche Männer geben sich – sobald sie merken, dass die Frau ans Weggehen denkt – plötzlich Mühe, sind liebevoll, sanft, versprechen, sich zu bessern. Die Frauen glauben diesen Versprechungen nur zu gern, eigentlich wollen sie ja den Mann nicht verlassen, sondern nur, dass die Gewalt aufhört. Andere Männer stellen sich als Opfer dar und appellieren an das Mitleid der Frauen. Auch darauf steigen die Frauen oft ein, da sie gelernt haben zu helfen und nicht weh zu tun.

Das grösste Hindernis für die Frauen, eine Trennung durchzuführen, ist die physische Gewalt, sei es, dass diese schon da war und jetzt zunimmt, sei es, dass sie erst beginnt, wenn der Mann von den Trennungsabsichten erfährt.

> «Anfangs war er nicht körperlich gewalttätig, er wurde es erst zum Schluss, ein Jahr vor der Trennung, nach 13 Jahren Ehe. Vorher, ja, da gab es einmal eine Ohrfeige, weil ich nicht phh … ich weiss nicht mehr weshalb. Es war in den Ferien, als ich meine erste richtige Ohrfeige erhielt. Solange ich gehorchte, ging alles gut, doch wenn ich nicht mehr gehorchte, ging es nicht mehr. Und er war, glaube ich, etwas aus dem Gleichgewicht. Er sagte sich: Sie gehorcht nicht mehr, sie macht ihren eigenen Weg. Und das konnte er nicht ertragen.» Marion

Der Gedanke an Trennung ist für viele Männer unerträglich, auch wenn die Beziehung für sie unbefriedigend geworden ist. Sie gingen und gehen davon aus, dass die Frau ihnen gehört, und können sich ein Leben ohne sie nicht vorstellen. Durch eine Trennung würden sie sowohl ihren Besitz als auch das Gefühl der Vorherrschaft verlieren. Um zu verhindern, dass ihnen die Frau entgleitet, greifen sie zu stärkerer Gewalt.

In dieser Situation wird die Entscheidung für die Frau schwierig. Sie fürchtet sich mit Recht vor der Reaktion des Mannes und weiss nicht, wohin sie gehen soll. Einerseits sieht sie, dass ihre Situation ohne

Trennung nicht besser wird, anderseits fürchtet sie, es könnte alles noch schlimmer werden. Weggehen erfordert sehr viel Energie, während sie doch langsam völlig erschöpft ist. Manche warten deshalb auf ein Wunder. So erkärt sich ihre ambivalente Haltung, die von der Umgebung und von eingeschalteten Institutionen und Behörden oft nicht verstanden wird (vgl. Kapitel 8, S. 73ff.).

3. Sich zur Trennung entschliessen

Irgendwann ist die Zeit reif. Es gibt keine Hoffnung mehr, die Frau hat alles versucht. Die Gesamtheit der erlittenen Gewalt und/oder ein neues unerträgliches Vorkommnis bewegen die Frau zum Weggehen. Nun beginnt eine Phase mit verschiedenen Hindernissen. Da es selten der Mann ist, der auszieht, muss sie eine Wohnung suchen, was meist nicht einfach ist. Ihre finanzielle Situation muss geregelt werden. Oft können sich die Frauen erst zur Trennung durchringen, wenn die Kinder grösser sind und sie wieder erwerbstätig und dadurch finanziell unabhängig sein können.

Manche Frau musste sich in dieser Phase besonders schützen, weil die Gewalt des Mannes weiter zunahm und lebensbedrohlich wurde.

Damit dürfte klar geworden sein: Wer sagt, geschlagene Frauen könnten ja einfach weggehen, und wenn sie das nicht täten, fänden sie offenbar Gefallen an der Gewalt – wer solches behauptet, verkennt völlig die Schwierigkeit, aus einer Gewaltbeziehung auszubrechen, und schiebt die Verantwortung einseitig der Frau zu.

7.3 Warum viele Frauen bleiben

Von den 14 Frauen, die trotz psychischer und manchmal auch körperlicher Gewalt bei ihrem Partner bleiben, haben alle schon an Trennung gedacht, einige haben es sogar versucht und sind wieder zurückgegangen.

Die meisten dieser Frauen sagen, sie liebten ihren Mann immer noch. Die andern empfinden Mitleid, Gleichgültigkeit oder Hass. Aber alle sehen auch gute Eigenschaften an ihren Männern, sie beschreiben sie als freundlich, grosszügig, ruhig, aufmerksam, sanft, als liebevolle Väter. Sie haben trotz der Gewalttätigkeit ein positives Bild des Mannes und erleben mit ihm auch gute Momente.

Auf die Frage, weshalb sie trotz Trennungsgedanken noch immer mit ihrem Partner zusammen sind, geben die Frauen unterschiedliche Antworten. Oft spielen aber die Kinder und die finanzielle Abhängigkeit eine wichtige Rolle.

> «Ein Freund hat zu mir gesagt: Also da hättest du einfach mit den Kindern verschwinden sollen. Da habe ich zu ihm gesagt: Ja und dann, wohin soll ich gehen? Jedenfalls gehe ich nicht zu meinen Eltern, das kommt nicht in Frage. Du gehst ins Hotel, mietest dir ein Zimmer, fertig. Ich habe gesagt: Und wo führt das hin? Das kostet viel, das ist alles, aber was bringt das? Und dann die Kinder, was werden die denken? Ich weiss nicht. Ich glaube, das lohnt sich nicht, es lohnt sich nicht.» Andrée

Manche wollen ihrem Partner noch einmal eine Chance geben oder denken, nach einer Trennung werde das Leben auch nicht besser. Ihr jetziges Leben kennen sie, nicht aber, was auf sie zukommen könnte. Einzelne haben resigniert, sie passen sich an und bleiben, weil sie keine andere Möglichkeit sehen, andere hoffen immer noch auf eine Veränderung und wieder andere sind eigentlich entschlossen zu gehen, fühlen sich aber zu erschöpft, um noch die Kraft für eine Trennung mit all ihren Schwierigkeiten und die Energie für einen Neuanfang aufzubringen.

8. Wie reagieren Aussenstehende?

In der telefonischen Befragung gaben rund zwei Drittel der gewaltbetroffenen Frauen an, mit einer oder mehreren ihnen nahestehenden Personen über ihre Gewalterfahrungen gesprochen zu haben. Die meisten empfanden diese Kontakte als hilfreich und unterstützend.

Da die Möglichkeiten der telefonischen Erhebung beschränkt sind, baten wir die Frauen in den Interviews, über ihre Erlebnisse mit den Leuten in ihrem Umfeld zu berichten. Daraus ergab sich dann ein etwas anderes Bild.

8.1 Reaktionen des Umfeldes

Alle 30 interviewten Frauen haben mit mindestens einer Person aus der näheren Umgebung über die Gewalt gesprochen. Die sensibilisierten Leute wissen Bescheid, auch ohne dass die Frau darüber spricht. Die Reaktionen des Umfeldes lassen sich in vier Kategorien einteilen:

Verleugnen oder Herunterspielen des Problems

Die Gewalt in der Ehe wird oft nicht zur Kenntnis genommen. Viele Leute wollen nicht glauben, was nicht in ihr Bild von der Ehe passt. Sie weigern sich zu sehen, dass dieser freundliche, charmante Mann noch eine andere Seite hat, und bezichtigen die Frau der Lügen.

> «Nachher habe ich mir gesagt, gut, ich wende mich an die besten Freunde. Ich habe ihnen davon erzählt und sie sagten: Aber nein, doch nicht er, du bist verrückt ... Also ich habe überall nur Ungläubigkeit angetroffen. Niemand glaubte mir, von diesen Freunden glaubte niemand, dass das, was ich erlebe, möglich ist. Ja, deshalb sagten sie mir: Weisst du, das ist ein Phase, du schläfst schlecht, diese Allergien, die schlaflosen

Nächte, du weisst nicht mehr, wo dir der Kopf steht … Du wirst sehen, wenn du einmal Ferien gemacht hast, wenn du besser ausgeruht bist und die Kinder grösser sind …» Diane

Nichteingreifen

Andere Leute, insbesondere NachbarInnen, ignorieren die Gewalt, um nicht eingreifen zu müssen. Sie betrachten das Problem als Privatsache des Paares. Mit dieser Haltung werden die gewalttätigen Männer in ihrem Glauben unterstützt, sie hätten das Recht auf Gewaltanwendung und niemand dürfe sie dafür zur Rechenschaft ziehen. Sogar die Eltern der Frau verschliessen oft die Augen vor der Gewalt, die ihrer Tochter angetan wird, teils aus Scham, teils aus Hilflosigkeit. Die betroffenen Frauen verstehen diese Reaktionen nicht, fühlen sich verraten und allein gelassen.

Zum Zusammenbleiben raten

Gerade Verwandte – etwa Mütter und Schwiegermütter – neigen manchmal dazu, die Gewalt als Schicksal zu betrachten oder die Frau dafür verantwortlich zu machen. Sie raten ihr, beim Mann zu bleiben und ihn zu beruhigen. Auch andere Personen im Umfeld schieben der Frau die Schuld zu und meinen, sie müsste nur ihr Verhalten ändern, dann würde die Gewalt aufhören.

«Meine Schwiegermutter hat sich von ihrem Mann, also vom Vater meines Ex-Mannes, total verspotten lassen, sie wurde stark misshandelt, und sie sagte zu mir: Beklage dich nicht, Simone. Wenn du dich beklagst, hat man dich nicht mehr lieb.»

Simone

Auffordern zur Zurückweisung der Gewalt und zur Trennung

Es gibt aber auch Personen im Umkreis der gewaltbetroffenen Frauen, die das Problem anerkennen, die Gewalt nicht tolerieren wollen und zur Auflösung der Beziehung raten. Damit helfen sie den Frauen zu erkennen, dass das, was ihnen angetan wird, nicht normal ist und dass ihr Mann nicht das Recht hat, sie zu schlagen. Diese Unterstützung ist ganz entscheidend, denn viele Frauen sind derart verunsichert, dass sie schon selbst anfangen zu glauben, sie seien schuld, sie provozierten den Mann.

Manchmal geht den Frauen die Einmischung des Umfeldes aber auch zu weit, etwa wenn sie unter Druck gesetzt werden, ihren Mann doch endlich zu verlassen, wenn ihr Partner nur noch schlecht gemacht wird oder wenn andere an ihrer Stelle Schritte für eine Trennung einleiten. Hier fühlen sich die Frauen zu Recht manipuliert und verlieren das Vertrauen. Entweder sie hören auf, über ihre Probleme zu sprechen, oder ihr Umfeld will mit der Zeit nichts mehr davon hören, da die Frauen ja doch nicht tun, wie ihnen geraten wurde. Die zwiespältige Haltung der Frauen, ihre komplizierten Strategien im Umgang mit dem gewalttätigen Mann treffen oft auf wenig Verständnis. Vor allem dass die Frau manchmal wieder zu ihrem Mann zurückkehrt, nachdem sie doch schon ausgezogen war, wird von den meisten nicht verstanden. Sie sind nur bereit, die Frau zu unterstützen, wenn diese sich konsequent verhält.

> «In dem Moment waren alle so verständnisvoll. Das heisst, wenn du jemanden verlässt aus gutem Grund, etwa wegen Gewalt, dann stehen alle hinter dir. Das Problem kommt erst, wenn du zurückgehst. Dann ist niemand mehr da, die Leute verstehen dich nicht oder sagen: Sie muss masochistisch sein, sie will sich unbedingt von ihm umbringen lassen!» Juliette

Die Aussagen der Frauen haben gezeigt: Gewalt in der Partnerschaft wird vom Umfeld oft nicht genügend ernst genommen und das Leiden der Frauen verleugnet oder unterschätzt. Was die Frauen in erster Linie brauchen, sind Menschen, die ihnen glauben, sie nicht verurteilen, sondern grundsätzlich unterstützen, wie auch immer sie sich entscheiden.

8.2 Reaktionen von Behörden und professionellen HelferInnen

Gewaltbetroffene Frauen nehmen nur selten professionelle Hilfe in Anspruch. Von allen Frauen der telefonischen Befragung, die körperliche, sexuelle oder psychische Gewalt erlebt hatten, taten dies lediglich 11.7%. Die meisten von ihnen suchten Hilfe bei PsychotherapeutInnen oder PsychiaterInnen, bei ÄrztInnen, FamilienberaterInnen und AnwältInnen. Sogar verletzte Frauen lassen sich oft nur medizinisch betreuen, wenn es unbedingt nötig ist. Auch Polizei und Justiz werden selten bemüht. Von 32 Frauen, welche wiederholten und schweren Gewaltanwendungen ausgesetzt waren, riefen nur 7 die Polizei und 4 reichten Klage gegen ihren Partner ein. Die Gründe dafür liegen unter anderem auch in den Reaktionen dieser Stellen. In den ausführlichen Interviews sprachen die Frauen über ihre diesbezüglichen Erfahrungen.

Polizei

Mehrere Frauen berichteten über negative Erfahrungen mit der Polizei. Sie wurden oft nicht ernst genommen, die Beamten weigerten sich, wegen eines randalierenden Ehemannes auszurücken. Wenn die Frauen auf dem Posten eine Anzeige machen wollten, rieten ihnen manche Polizisten davon ab. Einige Frauen hatten das Gefühl, die Polizei sei sehr nachsichtig mit ihrem Mann, habe hingegen Mühe, ihre Seite zu verstehen.

> «Mein Mann wurde zur gleichen Zeit wie ich vorgeladen. Am Anfang war der Polizist sehr freundlich, gut, mein Gesicht war ja auch zugerichtet ... Ich meine, er verstand meine Klage sehr gut. Und dann, nachdem er die Klage ... Mein Mann hatte seinerseits Klage gegen mich eingereicht, und nachdem er das gelesen hatte und mein Mann ihm seine Version der Sache dargelegt und dazu auch noch geweint hatte, dann ist er zu mir gekommen und hat mir ... also gut, er hat es nicht mit diesen

Worten gesagt, aber er meinte damit, ich hätte das, was mir passiert sei, ja eigentlich so gewollt.» Romane

In ihrer Verwirrung und Verzweiflung verhalten sich die Frauen manchmal auf den ersten Blick inkonsequent. Dies ist für die Polizei gewiss nicht einfach, doch deren Reaktion zeigt, dass sie viel zu wenig über das Problem der häuslichen Gewalt wissen.

Es gibt aber auch einzelne positive Beispiele, wo die Polizei gut reagiert und dazu beigetragen hat, dass der Mann es nicht mehr wagt, seine Frau zu schlagen, weil er jetzt weiss, dass er dafür zur Rechenschaft gezogen wird.

RichterInnen und AnwältInnen

Da die meisten Anzeigen der Frauen zurückgezogen wurden oder das Verfahren eingestellt wurde, machten die Frauen lediglich im Zusammenhang mit Scheidungsverfahren Erfahrungen mit Gerichten. Manche brachten dort ihre Gewalterlebnisse ein und mussten zusehen, wie das Gericht davon kaum Notiz nahm.

Auch AnwältInnen wurden vor allem im Zusammenhang mit Trennung und Scheidung konsultiert. Diese ermutigten die Frauen meistens nicht zu einer Anzeige gegen den Mann. Manche rieten sogar explizit ab. Sie fürchteten sich teilweise selbst vor der Gewalt der Männer und waren bereit, auf deren Forderungen einzugehen.

Nicht alle Frauen haben jedoch solche Erfahrungen mit AnwältInnen gemacht. Mehrere wurden von dieser Seite stark unterstützt und schätzten die Hilfe sehr.

Gesundheitswesen

Erstaunlicherweise kennen sich ÄrztInnen im Allgemeinen nicht besser aus mit dem Thema Gewalt in der Familie als die Polizei. Mehrere

Frauen kritisierten die Reaktionen im Spital und beim Notfalldienst. Die ÄrztInnen nehmen sich kaum Zeit, gehen nicht auf die Frauen ein, fragen nicht nach den näheren Umständen, zeigen kein Verständnis. Manche zweifeln sogar an den Angaben der Frauen.

> «Die junge Ärztin im Spital war sehr skeptisch, das kann ich Ihnen sagen. Sie meinte, meine Verletzung hätte auch von etwas anderem stammen können als von einem Schlag.» Simone

Ähnlich wie beim oben beschriebenen Verhalten der Polizei kann die Ungläubigkeit der konsultierten Fachleute dazu führen, dass die Frau ein zweites Mal zum Opfer gemacht wird. Das hat zur Folge, dass sie in Zukunft ihre Gewalterfahrungen verschweigen wird.

Immerhin kennen einige ÄrztInnen die Frauenhäuser und weisen die Patientinnen darauf hin. Manche Frauen haben auch durchaus gute Erfahrungen gemacht mit ÄrztInnen, die ihnen zuhörten, Verständnis zeigten und ihnen zu verstehen gaben, dass sie sich die Gewalt nicht gefallen lassen müssten.

Auch Psychotherapeuten und Psychiaterinnen haben manchmal kein Verständnis für die gewaltbetroffenen Frauen. Sie nehmen die Gewalt nicht zur Kenntnis und erklären die Frauen für psychisch krank.

Mira kam nach einem Selbstmordversuch ins Spital.

> «Man schickte mich in die Psychotherapie. Dort versuchte ich klarzumachen, dass ich ein Problem habe, jedoch ohne von Gewalt zu sprechen. Das Problem wurde nicht zur Kenntnis genommen, ich wurde eingeordnet als Frau, die sich umbringen will, und das, obwohl sie ein Kind hat ...» Mira

Manche Frauen finden nach mehreren Anläufen eine Therapeutin, die sich mit Gewalt in Partnerschaften auseinandersetzt und sie darin unterstützt, sich vor der Gewalt zu schützen und vom Partner zu trennen.

Sozialdienste, Vormundschaftsbehörden, Jugendämter

Auch bei den Sozialdiensten gibt es solche, die die Frauen zu einer Trennung ermutigen, und andere, die ihnen davon abraten und sie sogar dabei behindern. Die Vormundschaftsbehörden können den Frauen ebenfalls grosse Steine in den Weg legen.

> «Die Kinder blieben plaziert, doch dann war da immer noch das Problem mit diesem Sozialarbeiter vom Jugendamt, der die Gewalt einfach nicht zur Kenntnis nehmen wollte. Obwohl er sie doch selbst erlebt hatte, ich meine, mein Ex-Mann hatte ihm ja das Büro auf den Kopf gestellt. Daran sah man doch, dass er nicht ganz normal war. Doch dieser Sozialarbeiter, er verteidigte die Familie, die Bindung, die ist heilig. Man muss die Beziehung zum Vater aufrechterhalten, das ist wichtig, und so weiter und so fort. Und meine Schwiegereltern, ich habe etwa zehn Briefe von meinen Schwiegereltern, in denen sie mich als dreckige Araberin, als dreckige Hure bezeichnen, also die mischten sich auch noch ein. (...) Da sagte ich zu dem Typen vom Jugendamt: Ich habe die elterliche Gewalt, ich kann also über meine Kinder bestimmen und ich will nicht, dass die Grosseltern ein Besuchsrecht bei der Pflegefamilie haben. Da sagte der: Ach, so sehen Sie das. Dann entziehe ich Ihnen die elterliche Gewalt wieder. Ich wusste damals nicht, dass die elterliche Gewalt nicht einfach so entzogen werden kann, dazu braucht es wirklich schwerwiegende Gründe ...» Mira

Es gelang Mira nicht, den Sozialarbeiter von der Ernsthaftigkeit ihres Problems zu überzeugen. Erst als sie in einen andern Kanton zog und dort mit einer andern Vormundschaftsbehörde zu tun hatte, wurden ihre Anliegen ernst genommen. Endlich wurde zur Kenntnis genommen, dass ihr die elterliche Gewalt zugesprochen worden war, und sie erhielt volle Unterstützung.

Diese Tendenz, die Familie über alles zu stellen und die Gewalt zu verleugnen, scheint bei Vormundschaftsbehörden und Jugendämtern verbreitet. Mehrere Frauen haben darüber berichtet. Aber auch hier ist das Spektrum der Reaktionen gross.

Frauenhäuser

Alle 14 Frauen, welche die Dienste von Frauenhäusern in Anspruch genommen hatten, betonten, dass ihnen dort geholfen wurde. Frauenhäuser bieten Schutz vor Gewalt, aber auch einen Ort, wo die Frauen über ihre Erlebnisse berichten können, ohne verurteilt zu werden, und wo ihre Entscheidungen respektiert werden.

> «Wenn ich mich nicht im Frauenhaus hätte verstecken können, wäre ich da nicht herausgekommen. Ich hätte es nicht durchziehen können, hätte dem Druck meines Mannes nachgegeben. Ich hätte die Scheidung nicht einreichen, nicht vor den Richter gehen können. Also das ist wirklich nötig, man muss dem Druck entfliehen, sich verstecken können. Man muss für eine gewisse Zeit ohne Druck sein, im Grunde sich erholen können, Schluss mit dem Weinen, Schluss mit der Isolation, sich erholen, um sich mit sich selbst auseinandersetzen zu können. Das braucht es.» Claire

Mehrere Frauen sind im Frauenhaus wieder aufgelebt, haben Selbstvertrauen gewonnen und erfahren, dass ihnen die andern glauben, weil sie Ähnliches von sich selbst kennen. In den Diskussionen mit andern Frauen ist ihnen vieles klar geworden. Manche konnten auch ihre Vorurteile über Frauenhäuser korrigieren.

> «Und dann haben sie mir das Frauenhaus empfohlen. Zuerst sagte ich ja, weil ich sonst nicht wusste wohin, doch für mich war das Frauenhaus ein ärmlicher Ort, wo nur völlig hilflose Frauen hingehen, Alkoholikerinnen und so. Ich hatte damals

kein sehr positives Bild des Frauenhauses. Und dann bin ich im Frauenhaus angekommen, und es war überhaupt nicht so. Das hatte gar keine, aber wirklich überhaupt keine Ähnlichkeit mit meiner Vorstellung.» Juliette

Verschiedene Frauen sagen, sie hätten sich nur dank der Hilfe des Frauenhauses von ihrem Mann trennen können. Sie schätzten auch die praktische Unterstützung, die kompetente Beratung, die Begleitung zur Gerichtsverhandlung oder die Vermittlung guter AnwältInnen und TherapeutInnen.

Sicher gab es für einige Frauen auch schwierige Momente im Frauenhaus: Sie litten unter der gedrückten Stimmung, unter den Problemen der anderen, hatten Mühe damit, wie manche Frauen mit ihren Kindern umgingen, dass dort ebenfalls Gewalt vorkam. Für einzelne war das Sprechen über die eigenen Gewalterlebnisse, diese anzuerkennen und offenzulegen, ein äusserst schmerzhafter Prozess, zu dem sie von den Betreuerinnen immer wieder motiviert werden mussten.

«Sicher, es hilft sehr, darüber zu sprechen mit Frauen, die wissen, wovon wir reden, die dafür da sind, uns verstehen. Das ist sicher, ich kann nicht sagen, dass das nichts bringt. Aber ich glaube nicht daran, dass Weggehen, wie sie sagen, immer die richtige Lösung ist. Es stimmt schon, sie können natürlich nicht sagen: Wenn er euch geschlagen hat, bleibt bei ihm! Das ist ja klar. Aber ich weiss nicht, ob es in jedem Fall, so wie sie es ständig sagen, richtig ist, wegzugehen, vor dem Problem wegzulaufen. Ich weiss nicht, ob die anderen Frauen ihren Typen auch böse sind wie ich. Aber ich glaube, wenn die Frauen den Männern böse sind, so wie ich, dann glaube ich nicht, dass Weggehen eine Lösung ist. Denn es ist in meinem Innern. Auch wenn ich nach Australien ginge, würde es mich verfolgen, oder nicht?» Laura

Trotz solcher Kritiken wird aus allen Aussagen der Frauen deutlich, wie wichtig für sie das Frauenhaus war als Zuflucht und als Ort, an dem ihre Leiden erkannt und ihre Probleme verstanden wurden.

Anmerkungen

1 Vgl. zum Beispiel Dobash R. P. et al.: The myth of sexual symmetry in marital violence. In: Social Problems, Vol. 39, Nr. 1, 1992.

2 Dass sich hinter dem Kompromiss oft auch subtile Beeinflussungsprozesse verbergen können, haben Kellerhals et al. in ihrem Buch Mariage au quotidien (Lausanne 1982) festgehalten.

Teil II

Informationen für die Praxis

1. Schutz und Hilfe für gewaltbetroffene Frauen – das Frauenhaus

Gespräch mit Tina Handschin vom
Frauenhaus Graubünden

Misshandlung und Gewalt gegen Frauen in der Ehe wurde Mitte der 70er Jahre von der Neuen Frauenbewegung erstmals zu einem öffentlichen Thema gemacht. Es entwickelte sich in der Folge eine breite Bewegung, die sich einerseits für die Schaffung von Unterkünften für Frauen in akuten Bedrohungssituationen einsetzte, anderseits darum kämpfte, dass die Öffentlichkeit endlich die Existenz und das ganze Ausmass dieser Gewalt zur Kenntnis nahm.

In der Schweiz brachte das Buch und die Fernsehdokumentation von Marianne Pletscher mit dem Titel «Weggehen ist nicht so einfach» (1977) den Stein ins Rollen. Zwei Jahre später wurde in Zürich das erste Frauenhaus für misshandelte Frauen eröffnet, in andern Städten folgten bald weitere nach. Heute sind es 15 Frauenhäuser, die jährlich 700-800 Frauen und ebensoviele Kinder aufnehmen. Doch noch immer müssen Frauen wegen Platzmangels abgewiesen werden, deshalb sind weitere Frauenhäuser geplant.

Die Frauenhäuser verstehen ihr Angebot als Hilfe zur Selbsthilfe. Sie suchten vor allem in den Anfängen nach demokratischen, nicht-hierarchischen Organisationsstrukturen. Im Verlauf der Jahre fand eine starke Professionalisierung der Arbeit im Frauenhaus statt. Parallel dazu wuchs deren Anerkennung durch Behörden und soziale Institutionen, und vermehrt begann auch die Unterstützung durch die öffentliche Hand zu funktionieren.

Seit 1987 sind die Schweizer Frauenhäuser in einer Dachorganisation zusammengeschlossen. Sie dient dem Erfahrungsaustausch zwischen den verschiedenen Frauenhäusern, organisiert Weiterbildungen für die Frauenhausmitarbeiterinnen und ermöglicht gemeinsame Öffentlichkeitsarbeit. Dabei bleibt jedoch jedes Frauenhaus autonom und hat seine eigene Arbeits- und Organisationsform; auch Trägerschaft und Finanzierung sind je unterschiedlich. Am Beispiel des Frauenhauses Graubünden sollen im folgenden Gespräch Alltag und Funktionieren eines Frauenhauses vorgestellt werden. Gesprächspartnerin ist die Frauenhausmitarbeiterin Tina Handschin.

Was geschieht, wenn eine Frau in einer akuten Notsituation die Nummer des Frauenhauses wählt?

Wir versuchen, bereits am Telefon abzuklären, was genau los ist und ob das Frauenhaus der richtige Ort für die Frau ist. Dies trifft dann zu, wenn sie akut von Gewalt betroffen ist und keine andere Wohnmöglichkeit hat. Dann erklären wir kurz, wie das Frauenhaus funktioniert, also dass es weder ein Hotel noch ein Heim ist, sondern wie eine Wohngemeinschaft organisiert ist. Das bedeutet auch, dass wir zum Beispiel keine Frauen aufnehmen können, die sich in einer akuten psychischen Krise befinden, die zum Beispiel suizidgefährdet oder drogenabhängig sind. Damit wären wir schlicht überfordert, weil solche Frauen von der kleinen Gemeinschaft nicht getragen werden könnten und wir die nötige Betreuung nicht anbieten können.

Wenn Sie nun sehen, die anrufende Frau gehört wirklich ins Frauenhaus, wie findet sie dann hin?

Die Frauenhäuser geben ja alle lediglich Postfachadressen und Telefonnummern bekannt. Wir wollen nach Möglichkeit anonym bleiben, aus diesem Grund haben wir auch ein Besuchsverbot. Nur ehemalige Bewohnerinnen und Mitarbeiterinnen können zu Besuch kommen. Mit einer Frau, die ins Frauenhaus kommen will, machen wir einen Treffpunkt ab, zum Beispiel am Bahnhof, und holen sie dort ab.

Kommen Frauen auch auf anderem Weg ins Frauenhaus? Werden sie zum Beispiel von anderen Stellen zugewiesen?

Es rufen immer wieder ein Sozialdienst oder ein Arzt oder auch die Polizei an und möchten eine Frau ins Frauenhaus schicken. Wenn immer möglich sprechen wir dann mit der Frau selbst. Denn uns ist wichtig, dass sie freiwillig zu uns kommt, dass sie wirklich kommen will.

Rufen auch Frauen an, die sich in weniger akuten Situationen befinden, um sich quasi auf einen Auszug von zu Hause vorzubereiten?

Das kommt sogar relativ häufig vor. Dann treffen wir uns mit der Frau zu einem Gespräch über ihre aktuelle Situation und über die Möglichkeit Frauenhaus. Sie weiss dann, dass sie jederzeit – sofern wir Platz haben – zu uns kommen kann.

Wie kann sich eine Frau auf das Weggehen von zu Hause vorbereiten?

Sie soll möglichst so packen, dass sie am nächsten Tag nicht zurückgehen muss, weil sie etwas Wichtiges vergessen hat. Auf jeden Fall soll die Frau ihre Kinder mitnehmen, sonst kann das ebenfalls sehr problematisch werden, indem das Kind vom Partner als Druckmittel eingesetzt wird. Sie soll die nötigen Kleider einpacken, wichtige Dokumente und Ausweise mitnehmen, auch Lieblingsspielsachen der Kinder sind wichtig.

Weshalb wird die Frauenhausadresse geheim gehalten?

Aus Sicherheitsgründen. Sonst würde wohl ab und zu ein Mann vor der Tür stehen und uns Schwierigkeiten machen. Das möchten wir vermeiden. Es geht auch um unsere Sicherheit als Mitarbeiterinnen. In den letzten Jahren gab es ja genug Vorfälle, die gezeigt haben, was passieren kann. Ich erinnere da an den

Mord bzw. Mordversuch von Ehemännern an Bewohnerinnen in den Frauenhäusern Luzern und St.Gallen. Als weitere Sicherheitsmassnahme haben wir die Eingangstür verstärken lassen. Ausserdem achten wir darauf, dass wir nicht immer denselben Weg benutzen, wenn wir zur Arbeit gehen.

Ich finde es besonders schlimm, wie viele Männer eine Waffe haben. Heute ist es gang und gäbe, dass ein Mann bewaffnet ist. Wenn eine Frau bei uns ist, die erzählt, ihr Mann sei bewaffnet, dann ist das schon ein unangenehmes Gefühl. Dann sind wir froh, wenn wir nicht allein im Frauenhaus sind.

In den Interviews mit Frauen, die im Frauenhaus waren (vgl. S. 80f.), hat sich gezeigt, dass manche von ihnen zuvor ein sehr negatives Bild des Frauenhauses hatten. Sie erwarteten verwahrloste Frauen, ein schmutziges, überfülltes, lärmiges Haus. Wie sieht das in der Realität aus?

Wir haben uns auch schon gefragt, wie das seltsame Image des Frauenhauses zustande kommt. Manche haben gehört, hier würden sie eingesperrt, man nähme ihnen die Kinder weg. Sie staunen dann, dass sie einen Schlüssel erhalten und ein und aus gehen können, wie sie wollen. Wir haben mit den Frauen darüber gesprochen, woher dieses Bild kommt, doch es ist sehr diffus. Wir sind halt ein spezieller Betrieb: Wir machen nicht «Tag der offenen Tür», wie andere Einrichtungen, und es sind ausschliesslich Frauen hier, auch das ist wohl vielen etwas suspekt.

Die Realität sieht so aus, dass ganz normale Frauen jeglichen Alters zu uns kommen. Der grösste Teil ist zwischen 20 und 40. Es sind Frauen aus allen Schichten, wobei eher wenige aus der Oberschicht, es sind Hausfrauen, berufstätige Frauen, Minderjährige, Grossmütter. In der Regel hat jede Frau ihr eigenes Zimmer, nur im Notfall müssen zwei Frauen das Zimmer teilen. Das ist uns wichtig, denn der Schritt ins Frauenhaus ist schon schwer genug, die Frauen müssen sich mit einem Zimmer begnügen, zum Teil mit mehreren Kindern. Deshalb achten wir auch darauf, eine heimelige Atmosphäre zu schaffen, mit gemütlichen Möbeln, guten Matratzen, ab und zu wieder neuen Vorhängen usw.

Wer betreut die Frauen?

Wir sprechen absichtlich nicht von Betreuung, wir beraten und begleiten die Frauen. Im Tagteam sind wir drei Mitarbeiterinnen mit einer sozialen Ausbildung, die zu je 50% arbeiten. Das Nachtteam besteht aus 10 Frauen mit verschiedenen Berufsausbildungen. Der Nachtdienst dauert von 18 Uhr abends bis 9 Uhr morgens, wenn nötig schläft die Nachtteamfrau im Frauenhaus. Das ist jedoch selten, meist geht sie um 23 Uhr nach Hause und stellt das Telefon um. Das Telefon ist also rund um die Uhr besetzt mit Ausnahme von Samstagnachmittag und Sonntag tagsüber. Dann ist keine Teamfrau im Frauenhaus, der Telefonbeantworter ist eingeschaltet und verweist auf das Frauenhaus Liechtenstein oder die Polizei. Das ist vielleicht eine Besonderheit von Chur, dass wir nicht mehr jederzeit erreichbar sind. Wir haben das aus Kostengründen eingeführt und weil die Bewohnerinnen es schätzen, auch mal unter sich zu sein.

Nun leben im Frauenhaus ja Frauen zusammen, die sich das nicht ausgesucht haben und wahrscheinlich auch nicht an ein Wohngemeinschaftsleben gewohnt sind. Wie funktioniert das im Alltag?

Wir gehen davon aus, dass wir es mit erwachsenen, selbständigen Frauen zu tun haben, die sich innerhalb des Hauses selbst organisieren. Sie besprechen miteinander, wer putzt, einkauft usw. Probleme gibt es vor allem dann, wenn Frauen unterschiedliche Vorstellungen über Kindererziehung und Sauberkeit haben, oder auch, wenn Frauen aus verschiedenen Kulturkreisen zusammen wohnen. Da braucht es schon ziemlich viel Fingerspitzengefühl, um hier zu vermitteln. Wir haben einen Haushaltsplan, auf dem die wichtigsten Arbeiten aufgeführt sind, und da können sich die Frauen eintragen. So sind die Ämtchen klar verteilt, und es gibt weniger Missstimmung, weil die eine das Gefühl hat, sie mache alles und die andere nichts.

Auch für die Kinderbetreuung sind die Frauen selbst zuständig. Wenn sie vom Frauenhaus aus zur Arbeit gehen, muss eine Krippe oder Tagesmutter gesucht werden. Wir haben eine Kinderfrau, die auf Abruf kommt, zum Beispiel an einem Mittwochnachmittag, damit die Mütter etwas unternehmen können. Die Kinder sind ja oft schwierig, manchmal auffällig, was nicht erstaunlich ist nach allem, was sie erlebt haben. Wir sind auch zunehmend mit sexueller Ausbeutung konfrontiert, nicht nur bei den Kindern. Aber in solchen Fällen müssen Fachleute beigezogen werden, etwa der Kinder- und Jugendpsychiatrische Dienst.

Wie läuft die Zusammenarbeit mit anderen Stellen?

Wir sind inzwischen ziemlich gut vernetzt. Die Zusammenarbeit ist ja immer personenabhängig. Beim Kinder- und Jugendpsychiatrischen Dienst haben wir gute Kontaktpersonen. Wir haben eine Hausärztin, drei Anwältinnen, mit denen wir zusammenarbeiten. Auch mit der Beratungsstelle für Opferhilfe und mit der Familien- und Sexualberatungsstelle sind wir im Kontakt. Wegen der zunehmend jüngeren Frauen müssen wir auch die Beziehung zur Jugendberatung intensivieren. Bei der Polizei haben wir eine spezielle Ansprechpartnerin.

Was geschieht in der ersten Zeit nach dem Eintritt ins Frauenhaus?

Es geht um die Frage: Was will die Frau, was braucht sie? Manchmal weiss sie es in den ersten Tagen noch nicht, dann lassen wir sie erst einmal in Ruhe. Mit der Zeit kommt meist die Frage: Will ich auf eigenen Beinen stehen, weg vom Mann, oder gehe ich wieder zurück? Für diesen Entscheid braucht es oft etwas Zeit. Die meisten Frauen, die zu uns kommen, sind sehr entschlossen. Bei anderen merken wir, dass da noch vieles offen ist. Es gibt auch Frauen, bei denen wir schon nach einem Tag wissen, dass sie nochmals zurückgehen. Meistens kommen sie dann zum zweiten oder dritten Mal. Und da hat sich dann schon etwas verändert, die gehen dann nicht mehr zurück. Es kommt auch sehr auf die Reaktion des Mannes an. Wenn einer sagt: «Ich will mich jetzt bessern, das und das kommt nicht mehr vor», dann geht die Frau eher wieder zurück – obwohl sich die wenigsten Männer wirklich an ihre Versprechen halten. Aber für die Frau, die die Wohnung verliert, oft auch den Arbeitsplatz, die mit ihren Kindern die gewohnte Umgebung verlassen muss, ist es schon sehr schwierig. Sie muss sich ein neues Leben aufbauen. Das braucht viel Kraft und Durchhaltevermögen.

Wie hilft ihnen das Frauenhaus dabei?

Für jede Frau ist eine Mitarbeiterin zuständig, die sie begleitet. Wir führen mindestens einmal wöchentlich ein Gespräch zur Standortbestimmung und schauen, wo sie Hilfe braucht. Wir achten darauf, dass die Frauen möglichst viel selbständig machen. Bei Ausländerinnen, die zum Beispiel mit der Sprache Mühe haben, helfen wir mehr, begleiten sie auf Amtsstellen usw. Es muss auch geklärt werden, ob die Frau eine Therapie machen möchte, ob für die Kinder spezielle Massnahmen nötig sind, welche Kontakte sie hat und möchte usw. Ein Problem ist immer das Telefon. Hier funktionieren wir als Puffer. Wir erstellen mit der Frau möglichst bald nach ihrem Eintritt eine Liste der Personen, von denen sie Anrufe entgegennehmen will. Denn da wird sehr viel versucht, Männer, die über andere Personen anrufen lassen, sich als Polizist ausgeben usw.

Idealerweise findet die Frau heraus, wie ihre Zukunft aussehen soll, und kann das auch in die Realität umsetzen. Für mich ist immer wieder eindrücklich zu sehen, wie die Frauen im Frauenhaus aufleben. Am Anfang sind sie oft ein Häufchen Elend, und nach ein paar Tagen, wenn sie etwas zu sich selbst gefunden haben, sind es plötzlich schöne, starke Frauen. Das empfinde ich als Erfolg, dafür lohnt es sich zu arbeiten. Für sie ist auch wichtig zu erleben, dass es andere Frauen mit ähnlichen Erfahrungen gibt. Die Frauen diskutieren sehr viel untereinander und nehmen uns dadurch einen Teil der Arbeit ab.

Wie lange bleibt eine Frau im Frauenhaus und wo geht sie nachher hin?

Die durchschnittliche Aufenthaltsdauer ist bei uns etwa ein Monat. Das variiert aber stark zwischen ein, zwei Tagen und mehreren Monaten. Frauen mit kurzem Aufenthalt gehen eher wieder zurück. Um eine neue Lösung zu planen und zu realisieren, braucht es meist längere Zeit. Zurück zum Mann gehen rund ein Drittel der Frauen. Die anderen ziehen in eine eigene Wohnung.

Ist es nicht schwierig für die Frau, innert kurzer Zeit eine Wohnung und allenfalls einen Arbeitsplatz zu finden?

Bei den Wohnungen hat sich die Situation in den letzten Jahren verbessert. Dieses Jahr hatten wir immer Glück, alle Frauen, die etwas suchten, fanden relativ kurzfristig eine günstige Wohnung. Wir bekommen auch immer wieder Hinweise auf Wohnungen, die frei sind. Bei den Stellen ist es hingegen schwieriger geworden. In letzter Zeit hatten wir sehr wenig Frauen, die eine Stelle suchten. Entweder haben sie noch kleine Kinder und wollen nicht auswärts arbeiten, oder dann sind es zunehmend arbeitslose Frauen.

Haben Sie mit den Frauen, die das Frauenhaus verlassen, weiterhin Kontakt?

Das ist unterschiedlich. Wir sagen den Frauen immer, dass wir uns freuen, wieder von ihnen zu hören. Sie können sich auch jederzeit mit Problemen an uns wenden. Einige melden sich regelmässig und berichten, wie es ihnen geht. Bei anderen hat man das Gefühl, für sie ist jetzt ein Kapitel abgeschlossen, das sie hinter sich lassen wollen. Wenn dann die Scheidung einmal vorbei ist – die meisten lassen sich ja scheiden – beginnt ein neuer Lebensabschnitt. Eine regelmässige Beratung nach dem Austritt, wie das andere Frauenhäuser anbieten, liegt für uns mit den 150 Stellenprozenten nicht drin. Wir schauen aber vor dem Austritt, welche Möglichkeiten es für die Frau gibt. Sie kann zum Beispiel zur Familienberatungsstelle gehen, sie weiss, welcher Sozialdienst für sie zuständig ist. Manchmal vermitteln wir eine Psychologin.

Was kostet ein Aufenthalt im Frauenhaus und wer trägt die Kosten?

Es gibt verschiedene Tarife. Der Tarif für Frauen, die selbst bezahlen, beträgt pro Tag Fr. 36.– für die Frau und Fr. 18.– für ein Kind. Er kommt zum Tragen, wenn die Frau ihr eigenes Geld verdient. Für Frauen ohne Einkommen, deren Aufenthalt von ihrer Wohnsitzgemeinde übernommen wird, gilt der Fürsorgetarif. Dieser Tarif ist für Frauen aus dem Kanton und für

Ausserkantonale unterschiedlich. Männer bezahlen höchst selten den Frauenhausaufenthalt ihrer Frau. Eine andere Möglichkeit ist die, dass der Aufenthalt über die Beratungsstelle für Opferhilfe bezahlt wird.

Reichen diese Beiträge für die ganze Finanzierung des Frauenhauses aus?

Nein. Wir erhalten Subventionen vom Kanton, doch auch damit sind die Kosten nicht gedeckt, es braucht zusätzlich noch Spenden. In unserer Betriebskommission gibt es eine Finanzgruppe, die sich immer wieder um Spenden bemühen, Bettelbriefe schreiben und Gesuche verschicken muss. Das ist sehr aufwendig, doch auf der andern Seite bewahren wir uns dadurch eine gewisse Unabhängigkeit. Wenn wir voll staatlich subventioniert wären, möchte der Staat wohl auch mehr mitreden.

Gibt es Bereiche in Ihrer Arbeit, die sich in letzter Zeit verändert haben?

Wir sind zunehmend mit Jugendlichen konfrontiert. Meist sind es Ausländerinnen der zweiten Generation, also Mädchen, die hier aufwachsen, die Sprache beherrschen und über die Schule in unsere Kultur integriert sind. In solchen Familien entstehen riesige Kulturkonflikte. Die Probleme beginnen dann, wenn die Mädchen einen Freund haben. Wir haben kürzlich zwei solche Fälle gehabt. Die Eltern haben das ganz schlecht ertragen und der Vater hat mit Prügeln reagiert. Die Mädchen haben sich dann an die Opferhilfestelle oder die Jugendberatung gewandt und sind so zu uns gekommen. Das Problem besteht darin, dass sie ja eigentlich nicht weggehen dürfen, sie sind noch minderjährig und unterstehen der elterlichen Gewalt. Und für einen Obhutsentzug muss ziemlich viel vorgefallen sein. Solche Fälle sind in den letzten eineinhalb Jahren vermehrt aufgetreten.

Wir haben die jungen Frauen jeweils aufgenommen, doch das bedeutet für uns, dass wir uns anders organisieren müssen. Es muss eine Mitarbeiterin im Frauenhaus übernachten, der Ausgang muss ganz klar geregelt werden usw., denn wir tragen die Verantwortung. Ein weiteres Problem der jungen Ausländerinnen sind die Zwangsverheiratungen. Da hatten wir auch schon zwei Frauen, die untertauchen mussten, um sich dem zu entziehen. Wie ich gehört habe, sind auch andere Frauenhäuser damit konfrontiert.

Gibt es spezielle Probleme in der Begleitung von Migrantinnen?

Es kommt vor, dass wir – um wirklich komplexe Dinge erklären zu können – auf eine Dolmetscherin angewiesen sind. Was den Alltag anbelangt und die normale Beratung, reichen die Sprachkenntnisse meistens aus. Wir begleiten diese Frauen häufiger auf eine Behörde, auf die Einwohnerkontrolle, das Arbeitsamt oder die Fremdenpolizei. Dabei stellen wir fest, wie unglaublich herablassend und diskriminierend sie dort oft behandelt werden, das kann man wirklich als rassistisch bezeichnen. Manchmal trifft es auch uns, nur weil wir die Frauen begleiten, oder Schweizerinnen, weil sie einen fremdländischen Namen haben. Ein weiteres Riesenproblem sind natürlich die Aufenthaltsbewilligungen, in denen steht, Zweck des Aufenthalts sei der Verbleib beim Ehemann. Wenn sich die Frau vom Mann trennt, erfüllt sie den Zweck der Aufenthaltsbewilligung nicht mehr und wird von der Fremdenpolizei ausgewiesen. Das ist äusserst problematisch, die Frauen sollten bei der Trennung dringend eine eigenständige Aufenthaltsbewilligung bekommen. Sonst sind sie gezwungen, in eine meist ganz üble Beziehung zurückzukehren. Das ist total diskriminierend, und hier muss unbedingt etwas geschehen.

Gibt es andere Bereiche, in denen Massnahmen nötig und möglich sind, um die Situation der Frauen zu verbessern?

Ein wichtiger Bereich ist der Waffenbesitz, den ich schon erwähnt habe. Hier muss das Gesetz verschärft werden. Dann stellen wir uns auch immer die Frage: Was geschieht auf der Seite der Männer? Da besteht unseres Erachtens dringender Handlungsbedarf, eine grosse Aufgabe für die Politiker! Es gibt jetzt erste Ansätze für Interventionsprojekte, die der Männerseite mehr Aufmerksamkeit widmen (vgl. S. 124ff. und S. 143).

Eigentlich fängt das Thema ja schon viel früher an, bei der Frage etwa: Wie gehen wir miteinander um? Wir haben bei unseren Veranstaltungen in den Schulen, wo wir über das Frauenhaus reden, festgestellt, dass sich die jungen Frauen nicht mit schrecklichen Geschichten von gewalttätigen Männern ansprechen lassen. Deshalb schauen wir heute mehr die eigenen Beziehungsmuster an, das Rollenverhalten im Alltag, diskutieren mit den Jugendlichen, wo wir Frauen den Männern Raum überlassen, uns zurückziehen, was wir uns alles bieten lassen usw.

Dieses Verhalten beginnt schon zu Hause und in der Schule. Unserer Meinung nach sollten regelmässige, unentgeltliche Selbstverteidigungskurse für Mädchen und Frauen angeboten werden. Und entsprechend muss auch auf der Seite der Knaben und Männer noch ganz viel passieren.

Ein weiterer Punkt ist die Art, wie die Medien über Gewalt gegen Frauen in der Familie berichten. Da gibt es entweder die «Beziehungsdelikte» und «Familiendramen» – bei denen Täter und Opfer nicht benannt werden –, oder dann ist es der Unhold, das Monstrum, von dem man sich auf diese Weise so gut distanzieren kann. Das müsste in der Aus- und Weiterbildung der JournalistInnen unbedingt thematisiert werden.

Für uns ganz wichtig und hilfreich wäre, wenn wir – wie dies in andern Ländern zum Teil möglich ist – ganz rasch ein Wohnungs- oder Quartierverbot für den gewalttätigen Mann erwirken könnten. Solche Dinge sind nützlich und effizient. Bei uns muss erst sehr viel passieren, muss die Frau halb tot sein, bis ähnliche Massnahmen ergriffen werden.

2. Rechtliche Situation und juristische Mittel gegen Gewalt in der Partnerschaft

Gespräch mit Marianne Jacobi, Fürsprecherin und Notarin in Bern

Marianne Jacobi führt seit 1982 eine Anwaltspraxis in Bern mit Schwerpunkt Zivilrecht, vor allem Ehe- und Erbrecht. Sie betreut aber auch Strafrechtsfälle, insbesondere übernimmt sie Fälle von misshandelten Kindern. Ein grosser Teil ihrer Klientel sind Frauen, bei Scheidungen sogar fast ausschliesslich Frauen, und viele davon haben Gewalt erfahren. Frau Jacobi arbeitet mit dem Berner Frauenhaus und der Beratungsstelle für vergewaltigte Frauen und Mädchen in Bern zusammen. Sie ist zudem Ersatzrichterin am Obergericht.

Frau Jacobi, was sagt das Schweizer Rechtssystem zu Gewalt in der Partnerschaft? Welche Bestimmungen gibt es dazu?

Es gibt strafrechtliche und zivilrechtliche Bestimmungen. Im Zivilrecht ist der Schutz der Persönlichkeit für alle geregelt. Für Verheiratete kommt der Schutz durch das Eherecht hinzu. Ehefrau und Ehemann schulden einander Treue und Beistand, lautet die Kernaussage. Gewalt ist natürlich ein Verstoss gegen dieses Gebot und hat eherechtliche Konsequenzen. Nichtverheiratete Partnerinnen sind hier weniger geschützt. Im Strafrecht hingegen wird auf den Zivilstand nicht Rücksicht genommen, ausgenommen bei Vergewaltigung, wo eine Spezialregelung zum Zug kommt. Immerhin ist heute Vergewaltigung auch in der Ehe strafbar. Für verheiratete Frauen gelten lediglich andere Bestimmungen zum Antragsrecht, welches nach sechs Monaten erlischt. Bei allen anderen Delikten, etwa sexuelle Nötigung, Drohung, Tätlichkeit, Körperverletzung, bis hin zu Totschlag und Mord, spielt der Zivilstand keine Rolle.

Wie steht es mit subtileren Formen der psychischen Gewalt, also etwa ständiges Kritisieren, Erniedrigen usw.?

Strafrechtlich sind manche dieser Formen von Gewalt nicht erfassbar. Das Strafrecht fragt nach Nötigung, Drohung, Freiheitsberaubung und Ähnlichem, aber es kann die kleineren Grenzüberschreitungen nicht erfassen. Das sind eher Dinge, die zivilrechtlich weiterzuverfolgen wären über den Persönlichkeitsschutz.

Die Studie von Gillioz und andern (vgl. Teil I) hat gezeigt, dass AnwältInnen den Frauen oft nicht zu einer Anzeige oder Klage gegen ihren Ehemann raten. Gibt es dafür gute Gründe?

Von einer Klage einer Frau gegen ihren Mann wegen Verletzung der persönlichen Freiheit habe ich noch nie gehört. Was eher vorkommt, sind Strafanzeigen. Dort besteht die Schwierigkeit darin, dass die Vorfälle in der Regel nicht vor ZeugInnen passieren und deswegen die Beweissituation heikel ist. Weil die Eheleute miteinander im Streit liegen, steht oft Aussage gegen Aussage, und es wird der Frau unterstellt, andere Ziele zu verfolgen, etwa solche finanzieller Art. Und im Strafrecht gilt: Im Zweifelsfall muss zugunsten des Angeklagten entschieden werden. Das macht das Ganze sehr schwierig. Handelt es sich um Körperverletzung, dann kann medizinisch festgestellt werden, ob das Verletzungsbild mit dem von der Frau geschilderten Vorgang übereinstimmt. Schwieriger ist es bei Vergewaltigung, die meist keine sichtbaren Spuren hinterlässt. Berate ich nun eine betroffene Frau, dann müssen wir immer auch überlegen, was es bedeutet, wenn der Mann freigesprochen wird. Manchmal ist die Strafanzeige das richtige Mittel, doch in vielen Fällen ist dies tatsächlich nicht der richtige Weg. Letztendlich ist der Schutz der Persönlichkeit der Frau im weitesten Sinn wichtiger als die strafrechtliche Verfolgung des Ehemannes. Generell würde ich Strafanzeige dort empfehlen, wo die Beweislage nicht von vornherein ungünstig ist, wo also Beweise wie ärztliches Zeugnis, ZeugInnenaussagen usw. vorliegen.

Man hört immer wieder, dass ärztliche Zeugnisse und Gutachten erstellt werden, welche der Frau vor Gericht gar nichts nützen. Wie sollte ein solches Zeugnis aussehen?

Das ist tatsächlich ein Problem. Wenn ein Gutachten in gutgemeinter wissenschaftlicher Abwägung sagt, das Verletzungsbild stimme mit der Darstellung der Frau überein, es könne aber auch anders verursacht worden sein, dann ist das juristisch schlecht. Der Arzt oder die Ärztin muss grundsätzlich eine Diagnose stellen. Die Frage, ob das Verletzungsbild mit der Darstellung des Vorgefallenen durch die Frau übereinstimmt, ist eigentlich Thema des gerichtsmedizinischen Gutachtens, aber wenn ein Satz in dieser Richtung bereits im ärztlichen Zeugnis steht, dann ist das sicher von Vorteil. Arztzeugnisse sind nicht nur in Strafverfahren von Bedeutung, sondern auch im eherechtlichen Kontext.

Wie geht eine Frau vor, wenn sie eine Anzeige machen will?

Sie kann direkt zum nächsten Polizeiposten gehen, um die Anzeige zu machen. Ich finde es aber besser, wenn die Frau sich zuerst bei einer Beratungsstelle oder einer Anwältin/einem Anwalt beraten lässt, damit abgeklärt werden kann, ob eine Anzeige wirklich Sinn macht. Wenn dies der Fall ist, kann die Anzeige durch die Anwältin für die Frau gemacht werden, die

Anwältin kann die Frau zur Polizei begleiten, oder die Frau kann die Anzeige auch selbst machen. Von der Polizei geht die Anzeige zum Untersuchungsrichteramt, das entscheidet, ob eine Voruntersuchung eröffnet wird, ZeugInnen angehört werden. Der Angeschuldigte wird einvernommen, Gutachten können eingeholt werden. Im Strafverfahren muss der Sachverhalt von Amtes wegen umfassend abgeklärt werden. Das ist ein grosser Vorteil, denn auf diese Sachverhaltsfeststellung kann später zum Beispiel in einem Trennungs- oder Scheidungsverfahren zurückgegriffen werden.

Der Fall wird dann an ein urteilendes Gericht weitergegeben oder das Verfahren wird aufgehoben, wenn das Untersuchungsrichteramt zum Schluss kommt, an der Sache sei nichts dran. Kommt es zu einem Urteil, dann wird der Mann entweder verurteilt oder freigesprochen.

Wie gross sind die Chancen für eine Verurteilung?

Im Strafverfahren kann man das nicht generell sagen. Da muss wirklich jeder Fall sorgfältig abgewogen werden: Was liegt vor? In welche Fallen kann man geraten? Mit welchen Gegenmassnahmen muss gerechnet werden? Oft kommt es zu Gegenanzeigen oder Ehrverletzungsklagen seitens des Mannes. Auch besteht in fast jedem Strafverfahren das Risiko, dass das Opfer zur Täterin gemacht wird und umgekehrt der Täter zum Opfer. Die Person und das Leben der Frau können dann plötzlich zum Thema werden. Zwar hat sich die Situation mit dem Opferhilfegesetz etwas verbessert, indem die Frau einen gewissen verfahrensrechtlichen Schutz geniesst: Sie muss keine Auskunft über Fragen geben, die ihren Intimbereich betreffen. Aber mit Gegenattacken von Seiten des Mannes muss immer gerechnet werden. Deshalb ist es wirklich wichtig, vorher zu überlegen, was eine Anzeige der Frau bringt.

Welche weiteren Rechte hat die Frau? Beispielsweise wird ja immer wieder die Frage gestellt, ob die verheiratete Frau das Recht hat, den gemeinsamen Haushalt zu verlassen.

Dieses Recht hat die Frau. Hier muss man gar nicht eherechtlich denken, sondern mit dem gesunden Menschenverstand. Dann ist es klar, dass es keiner Frau zumutbar ist, mit jemandem zusammenbleiben zu müssen, der sie misshandelt. Auch Gegenwehr ist im Rahmen der Verhältnismässigkeit erlaubt.

Kommen wir zur zivilrechtlichen Seite. Welche Mittel stehen der Frau hier zur Verfügung?

Sie kann die Trennung oder die Scheidung verlangen, kann verlangen, dass der Mann die Wohnung verlassen muss. Das sind zum Teil sehr rasche und wirksame zivilrechtliche Mittel. Wenn die Gewalt glaubhaft gemacht wird, kann die Richterin bzw. der Richter – ohne den Mann vorher anzuhören – eine superprovisorische Verfügung erlassen, der Mann müsse jetzt gehen. Das kann innerhalb von Tagen erfolgen.

Steht diese Möglichkeit nur verheirateten Frauen offen?

Es sind auch Fälle denkbar, wo solche Massnahmen bei einer im Konkubinat lebenden Frau getroffen werden können. Sie werden dann nicht von EheschutzrichterInnen, sondern vom normalen Zivilgericht ausgesprochen.

Wie ist das Vorgehen bei einer Trennung oder Scheidung?

In der Regel wird das Trennungsgesuch von der Anwältin eingereicht, welche beantragt, der gemeinsame Haushalt sei aufzuheben, die Wohnung der Frau zuzuweisen, die Kinder unter die Obhut der Frau zu stellen, Unterhaltsbeiträge festzusetzen, einfach all die Dinge, die geregelt werden müssen. Um dem Gewaltrisiko zu begegnen, kann wie gesagt in einer superprovisorischen Verfügung bestimmt werden, dass der Mann die Wohnung verlassen muss. Der Rest wird dann später geregelt, dafür braucht es etwas mehr Zeit.

Dass ein Trennungsgesuch vom Gericht abgelehnt wird, kommt eigentlich nicht vor, weil niemand rechtlich zum Zusammenleben gezwungen werden kann. Den Parteien wird also das Getrenntleben bewilligt, und die oben genannten Punkte werden geregelt. Die Trennung ist zeitlich nicht begrenzt. Sie dauert, bis die beiden sich scheiden lassen oder wieder zusammenziehen.

Wie wirkt sich das Vorkommen von Gewalt bei einer Scheidung aus?

Gewalttätige Übergriffe sind eherechtlich ein Verschulden. Bei einer Scheidung kann das Verschulden verschiedene Rollen spielen. Die misshandelte Frau hat zum Beispiel das Recht, sich der Scheidung zu widersetzen. Verlangt aber die Frau die Scheidung, dann spielt das Verschulden des Mannes insbesondere bei den finanziellen Leistungen nach der Scheidung eine Rolle, das heisst bei der Frage nach Alimenten für die Frau und nach der Höhe dieser Alimente. Bei der Kinderzuteilung und bei den Besuchsrechten kann die Gewalt vor allem in schwereren Fällen Auswirkungen zuungunsten des Mannes haben, wenn das Gericht etwa zum Schluss kommt, seine Erziehungsfähigkeit sei beeinträchtigt. Man kann sagen, dass die Scheidungsrichterinnen und -richter heute ziemlich sensibel sind für solche Vorkommnisse.

Kann die Frau im Scheidungsverfahren auch subtilere Formen von Gewalt vorbringen?

Ja, das kann sie, doch sollte sie diese Vorfälle ebenfalls beweisen können. Wenn sie zum Beispiel eine Rente verlangt, dann muss sie das überwiegende Verschulden des Mannes beweisen können. Wir müssen uns bewusst sein, dass das Ehescheidungsverfahren ein relativ grobschlächtiges Verfahren ist, das heisst, dass das Urteil nicht auf die einzelnen Finessen des Ehelebens eingehen kann. Dazu sind einfach die Instrumente nicht differenziert genug. Deshalb sind am Schluss oft beide Parteien unzufrieden mit dem Ergebnis.

Zu welchem Zeitpunkt kommen gewaltbetroffene Frauen zur Anwältin? Was braucht es nach Ihrer Erfahrung, bis sie diesen Schritt wagen?

Die Schwelle ist nach meiner Erfahrung ziemlich hoch. Das hat damit zu tun, dass die Frau in einer solchen Lage nicht viel Energie hat. Im Gegenteil: Sie ist depressiv, schämt sich, sieht sich ganz vielen Problemen gegenüber. Deshalb kommen die meisten Frauen nicht sofort. Frauen, die sich mit dem Thema schon etwas befasst haben, lassen vielleicht erst einmal ein ärztliches Zeugnis ausstellen. Manche gehen zu einer Beratungsstelle. Meist muss dann noch einiges hinzukommen, bis das Fass wirklich überläuft. Erst dann kommen sie und sagen: «Und übrigens hat er mich vor ein paar Jahren geschlagen.» In der Regel liegen also die Gewalttätigkeiten relativ weit zurück. Etwas anders ist es dort, wo die Frau bereits bei einer Anwältin ist, wenn die Gewalthandlungen auftreten. Dann erfahre ich das natürlich gleich am nächsten Tag. In der Regel berichten die Frauen nicht schon am Anfang über die erlittene Gewalt. Es braucht ziemlich viel, bis sie darüber sprechen. Wenn ich in einem Gespräch das Gefühl habe, es könnte dort etwas sein, und die Beziehung zur Klientin ist gut genug, um das anzusprechen, dann frage ich danach.

Es sind also vor allem Frauen, die eine Trennung oder Scheidung wollen, bei denen unter anderem auch Gewalt thematisiert wird. Wie gross ist denn der Anteil der gewaltbetroffenen Frauen bei Ihren Klientinnen in eherechtlichen Fällen?

Sehr gross. Mehr als die Hälfte berichten über solche Vorfälle, zum Teil sehr gravierende Sachen, zum Teil weniger Schwerwiegendes. Doch meist ist es verbunden mit riesigen Ängsten, etwa davor, dass die Gewalt noch schlimmer werden könnte. Das kann bis zur Todesangst gehen.

Wie kann sich eine Anwältin, ein Anwalt verhalten, um der Frau das Sprechen über die erlittene Gewalt zu erleichtern?

Mir scheint wichtig, eine grosse Sachlichkeit zu bewahren. Die Anwältin sollte teilnahmsvoll, aber objektiv sein. Sie sollte ein Klima zu schaffen versuchen, in dem die Frau erzählen kann, und sollte selbst genügend Distanz bewahren. Sie soll sachlich darüber sprechen und wenn nötig Beratung vermitteln, sei es bei einer Beratungsstelle oder allenfalls bei einer Psychologin. Das kann auch für die Abstützung eines Trennungsentschlusses nützlich sein. Denn die Frauen schwanken ja oft sehr stark zwischen dem Wunsch nach einer definitiven Trennung einerseits und Schuldgefühlen und wieder Zurückgehenwollen anderseits. Da ist es wichtig, dass sie wieder Boden bekommen. Doch das kann die Juristin nicht leisten. Hier sind andere Stellen gefragt wie Ehe- und Familienberatungsstellen, die Beratungsstelle des Frauenhauses oder andere Frauenberatungsstellen.

Diese ambivalente Haltung ist ja charakteristisch für misshandelte Frauen und macht vielen Leuten, die beruflich damit konfrontiert sind, grosse Mühe.

Manchmal ist es auch wirklich extrem. Da soll Scheidungsklage eingereicht und wieder zurückgezogen werden, was bei der Scheidung nicht ohne weiteres möglich ist, oder das Trennungsgesuch wird zurückgezogen, und plötzlich geht es wieder gar nicht mehr. Die Frauen bekommen dann auch Mühe mit sich selbst, so dass sie es kaum mehr wagen, zur Anwältin zu kommen, wenn sie nun doch wieder ein Trennungsgesuch stellen wollen. Deshalb ist es wichtig, ihnen zu vermitteln, dass das normal ist, dass es manchmal mehrere Anläufe braucht und sie sich Zeit nehmen müssen für den Entscheid.

Gibt es neben Strafanzeige und Trennung oder Scheidung noch andere Mittel, wie sich die Frau wehren kann?

Ja, es gibt die Selbsthilfe im erlaubten Rahmen. Also zum Beispiel dem Mann die Koffer packen, vor die Türe stellen und das Schloss auswechseln. Es gibt verschiedene Möglichkeiten. Die Frau sollte einfach nicht über die Notwehr hinausgehende Gewalt anwenden. Aber Frauen denken oft gar nicht an solche Mittel der Selbsthilfe. Das ist vielleicht typisch weiblich, immer zuerst fragen: «Darf ich das überhaupt?», anstatt nach dem gesunden Menschenverstand zu handeln.

Wann hat eine Frau Anspruch auf Leistungen nach dem Opferhilfegesetz (OHG) und wie kommt sie dazu?

Die Kantone haben entsprechende Stellen geschaffen oder bestehende Stellen als Opferhilfestellen anerkannt. Diese sind den Frauen behilflich, Forderungen zu stellen. Grundsätzlich gilt aber, dass die Opferhilfe nur subsidiär ist. Das heisst, die Opferhilfe kommt zum Tragen, wenn die Entschädigung nicht vom Täter eingeholt werden kann und nicht von der Fürsorge oder von einer andern Stelle übernommen wird. Das kann sich zum Beispiel um die Kosten für einen Frauenhausaufenthalt handeln oder um die Kosten für Beratung und Therapie.

Anderseits gibt es im Strafverfahren die Möglichkeit, auch zivile Forderungen geltend zu machen. Der Täter wird dann zum Beispiel wegen einfacher Körperverletzung verurteilt zu einem Monat Gefängnis, zur Zahlung der Frauenhausrechnung und zur Leistung von Schadenersatz und Genugtuung.

Mit welchen speziellen Problemen im Zusammenhang mit Gewalt in der Partnerschaft sind Sie als Anwältin konfrontiert? Ich denke da etwa an die Ausländerinnen.

Das Problem liegt dort oft bei den Aufenthaltsbewilligungen, die von derjenigen des Ehemannes abgeleitet sind. Wenn eine solche Frau Strafanzeige einreicht und sich vom Mann trennt, dann kommt die Fremdenpolizei und macht geltend, die Aufenthaltsbewilligung sei hinfällig, da der Aufenthalt der Frau in der Schweiz nicht mehr dem in der Bewilligung festgehaltenen Zweck (Verbleib beim Ehemann) diene, die Frau müsse das Land verlassen. Dann wird es regelmässig schwierig, aber nicht unbedingt aussichtslos. Im Kanton Bern gab es bisher zwei Pilotfälle, bei denen die Frau – allerdings erst nach massivem Druck der Öffentlichkeit auf den Polizeidirektor – eine eigenständige Aufenthaltsbewilligung erhielt. Es handelte sich dabei um sehr brutale Gewalt mit Gefährdung des Lebens der Frau. Ich denke, dass in Zukunft an diesen beiden Fällen angeknüpft werden kann. Langsam sollte auch die Fremdenpolizei einsehen, dass es so nicht geht: Diese Frauen können nicht Rechtsschutz in Anspruch nehmen, ohne den Ast, auf dem sie sitzen, abzusägen. Das ist unerträglich. Es gäbe rechtliche Möglichkeiten, die jedoch von der Fremdenpolizei nicht ausgeschöpft werden.

Ein riesiges Problem ist die wirtschaftliche Abhängigkeit der Frauen von ihren Männern. Das hat zur Folge, dass die Frauen mit dem Trennungsentschluss praktisch automatisch zu Sozialhilfeempfängerinnen werden. Es ist auch immer häufiger der Fall, dass ein durchschnittliches Einkommen nicht mehr ausreicht, um eine Trennung zu finanzieren. Ausserdem realisieren die Frauen dann, dass sie keine genügende Berufsausbildung haben, dass ihnen die Erfahrung fehlt usw. Sie fühlen sich darin bestätigt, dass sie nichts wert sind. Das führt dazu, dass viele Frauen den Rückzug antreten und sich arrangieren.

Was müsste aus Ihrer Sicht verändert werden, um das Problem der Gewalt wirksam zu bekämpfen?

Das Allerwichtigste ist meiner Meinung nach die wirtschaftliche Eigenständigkeit der Frauen. Dazu gehören Stichworte wie Berufsbildung, Teilen von Erwerbsarbeit und Hausarbeit usw. Das würde die Gewalt sicher vermindern. Denn die Abhängigkeitsverhältnisse sind ja auch für die Männer belastend, sie sind überfordert und werden zum Teil deswegen gewalttätig.

Auf der Ebene der Verfahren wäre es wichtig, dass sowohl im Zivil- wie im Strafgericht beide Geschlechter paritätisch vertreten sind, so dass die Frauen in dieser Situation nicht einer Männerfront begegnen, die sie als feindlich erleben. Im Strafrecht ist das durch das Opferhilfegesetz schon besser geworden, und da höre ich oft von den Frauen, wie wichtig und hilfreich es für sie ist, dass im Gericht auch Frauen sitzen.

Im Weiteren kann und muss man das Problem einfach immer wieder thematisieren, aufklären, den Betroffenen zeigen, dass sie nicht allein sind und wie sie die Hilfe, die es gibt, in Anspruch nehmen können.

Was ist auf der gesetzlichen Ebene vorzukehren?

Der strafrechtliche Schutz ist relativ gut. Das Problem liegt eher darin, dass es schwierig ist, ihn in Anspruch zu nehmen, weil die Latte relativ hoch liegt. Es braucht ziemlich viel, bis jemand verurteilt wird, es gilt die Unschuldsvermutung, der Grundsatz: Im Zweifel für den Angeklagten. Und es besteht immer die Gefahr, dass die Frau selbst durchleuchtet wird und in eine unangenehme Situation gerät.

Beim Scheidungsrecht geht die Revision wahrscheinlich in die richtige Richtung mit einem verschuldensunabhängigen Scheidungsrecht, das vor allem auch mit der Teilung der Altersvorsorge für die Frauen Fortschritte bringen wird.

Was können Anwältinnen und Anwälte zur Verbesserung der Situation der gewaltbetroffenen Frauen beitragen?

Wenn eine Frau in die Praxis kommt, will sie nicht nur wissen, welche Rechte sie hat und was das Gesetz dazu sagt. Sie braucht viel mehr. Aber in der Ausbildung der Anwältinnen und Anwälte wird der Umgang mit den KlientInnen nicht thematisiert. Oft sind das nämlich ganz schwierige Personen, sie stecken in einer heiklen Situation, sind traumatisiert. Sie bringen ihr Anliegen nicht so vor, dass es direkt in eine Rechtsschrift umgegossen werden könnte, sondern kommen vielleicht ganz lange nicht zum Punkt. Manche sind auch sehr fordernd, rufen mehrmals täglich an. Da wäre es wichtig zu merken, was abläuft, was ich selbst falsch mache. Dazu gibt es erst wenig Weiterbildungsangebote, doch man kann sich das auch privat organisieren. Hier in Bern haben sich zum Beispiel sechs Anwältinnen zu einer Balintgruppe zusammengeschlossen, in der wir unter Anleitung einer Psychologin solche Situationen besprechen und Rollenspiele durchführen. Das ist eine riesige Hilfe, und davon profitieren sicher auch die Klientinnen.

3. Gewalt gegen ausländische Ehefrauen

Adora M. Fischer

Über das Leben mit ihrem Ehemann, den sie 1993 heiratete, berichtet Mary: «Ich musste den ganzen Tag im Haus bleiben, weil ich niemanden in der Nachbarschaft kannte. Zudem hatte ich nicht genug Deutsch gelernt, um mich zu verständigen. Den vierwöchigen Deutschkurs, den ich ein paar Monate nach meiner Ankunft in der Schweiz anfing, konnte ich nicht fertig machen, da die Schwester meines Mannes, welche nebenan wohnt, meinte, die Reisekosten seien viel zu hoch. Wenn ich wirklich wolle, könne ich die Sprache auch lernen, indem ich den Leuten beim Sprechen zuhöre. Da mein Mann die Meinung seiner älteren Schwester respektierte, wurde über dieses Thema nie mehr diskutiert.

So beschäftigte ich mich mit Hausarbeiten. Ich kochte Gerichte aus meiner Heimat, aber meine Schwägerin sagte, die Zutaten seien viel zu teuer. Ich solle mich an die Schweizer Küche gewöhnen. In gebrochenem Deutsch sagte ich ihr, dass ihr Bruder meine Gerichte gerne habe, wieso sollte ich aufhören? Sie sagte, er sei nur zu höflich, um mir direkt zu sagen, dass er die Gerüche der Sachen, die ich koche, nicht ausstehen könne. Ich fragte meinen Mann, aber er sagte nur, dass es vielleicht tatsächlich besser sei, wenn ich anfinge, schweizerische Gerichte zu kochen. Weshalb erklärte er nicht. Wenn ich auf Erklärungen bestand, wurde er jedes Mal sehr wütend und aggressiv, da er dann englisch sprechen musste, was er nicht so gut konnte. Deshalb zog ich es vor, nicht mehr darüber zu sprechen. Ich war sehr traurig, dass mein Mann auf seine Schwester hörte und meine Ansichten und Gefühle total ignorierte.

(…) Nachdem ich das zweite Kind geboren hatte, konnte ich es nicht länger ertragen. Meine Schwägerin terrorisierte mich, sie kam jeden Tag, um zu sehen, ob ich die Kinder richtig ernähre, was ich ihnen auftische und ob sie sauber genug seien. Eines Tages konfrontierte ich meinen Mann und sagte ihm, dass er sich zwischen mir und meinen Kindern und seiner Schwester entscheiden müsse. So wütend hatte ich ihn noch nie gesehen. Er zog mich sehr nahe an sich heran, ich musste in seine rasenden Augen sehen, während er sagte, wenn ich es nicht mehr aushalte und weggehen wolle, könne ich das schon machen, aber ganz sicher nur alleine. Er würde es nie erlauben, dass die Kinder mit mir kämen. Und ich solle es auch gar nicht versuchen, wenn mir mein Leben lieb sei. Ich hatte keine Freundinnen und kein Geld, da ich nur gerade genug für den Haushalt erhielt. Mit dem bisschen Deutsch, das ich sprach, konnte ich meine Situation kaum erklären, und wohin sollte ich auch gehen? Ich schrieb meinen Eltern und fragte sie, was ich machen solle. In ihrem Antwortbrief schalt mich meine Mutter. Sie sagte, der Platz der Frau sei neben ihrem Mann und das sei genau der Grund, weshalb man bei der Hochzeit das Versprechen abgebe: 'Für gute und für schlechte Zeiten.' Das Eheleben sei kein Ausflug. Ich war so deprimiert nach diesem Brief, dass ich an Selbstmord dachte. Aber ich wollte nicht, dass meine Kinder mit einer solchen Belastung aufwachsen. Ich liebte meine Kinder, doch es war mir nicht möglich, das Leben mit ihrem Vater weiterzuführen. Ich konnte auch nicht mit ihnen weglaufen, da die Schwägerin uns entdeckt hätte, bevor wir am Bahnhof angekommen wären. Alle unsere Nachbarn waren Verwandte und Freunde der Familie, und ich hatte stets das Gefühl, dass sie ebenso dachten wie mein Mann und meine Schwägerin. Ausserdem wusste ich, wenn auch nur vage aus Drohungen meines Mannes, dass ich ausgewiesen werden könnte, wenn ich ihn verliesse, da ich nur eine B-Bewilligung besass. Ich wollte meine Kinder nicht in all die Schwierigkeiten mit hineinziehen. So verliess ich das Haus mit schwerem Herzen, nachdem ich die Kinder zu Bett gebracht hatte. Ich nahm das wöchentliche Haushaltsgeld und fuhr in die Stadt. Ich erinnerte mich, dass ich mal in einer Lokalzeitung einen Artikel über ein Unterstützungs-Zentrum für Filipinas gelesen hatte. Damals hatte ich nicht daran gedacht, je diese Hilfe in Anspruch nehmen zu müssen, deshalb hatte ich mir die Telefonnummer und Adresse nicht notiert. Nun war ich also in der Stadt und hoffte, irgendjemand wisse schon, wo das Zentrum ist. Die Frau, die ich zuerst ansprach, verstand nicht, was ich wollte. Alles, was sie verstand, war: 'Philippinin' und 'Hilfe'. Es regnete sehr stark, und wir eilten in eine nahegelegene Telefonkabine. Sie rief eine Freundin an, von der sie glaubte, sie habe eine philippinische Nachbarin. Die Freundin gab ihr die Nummer der Filipina. Die Frau brachte mich dann zum Haus der Filipina, wo ich die Nacht verbringen konnte. Am nächsten Morgen begleitete mich meine Landsfrau ins Zentrum.»

Leny traf ihren Mann, einen Schweizer, in den Philippinen. Sie heiratete ihn aus finanziellen Überlegungen, da ihre Verwandten sie davon überzeugt hatten, dass ihr Leben viel besser sein werde, wenn sie einen Ausländer heirate. Sie war damals 38 Jahre alt, für philippinische Verhältnisse nicht mehr jung. Sie wusste, ohne dass es ihr jemand gesagt hätte, dass sie nicht länger auf einen philippinischen Ehemann hoffen konnte, denn die waren in diesem Alter alle schon verheiratet und hatten Kinder. Aus diesem Grund überwand sie all ihre Befürchtungen und heiratete einen Ausländer.

Nach der Hochzeit reiste das Paar noch eine Weile auf den Philippinen umher und emigrierte dann nach Südafrika, wo der

Mann eine Stelle zu finden hoffte. Auf der Reise hatte Leny schon den Verdacht, ihr Mann – der Flasche um Flasche Bier, Whisky oder andere alkoholische Getränke konsumierte – könnte Alkoholiker sein. Aber sie dachte, es sei nur wegen der Ferienstimmung, und alles würde sich normalisieren, sobald sie sich fest niedergelassen hätten. In Südafrika gab es jedoch keine Stelle für ihren Mann, zudem war er die meiste Zeit betrunken und nicht in der Lage, sich zu bewerben. Als sein letztes Geld ausgegeben war, musste sich Leny nach einer Stelle umsehen. Sie wurde schwanger, und als sie es ihrem Mann erzählte, schimpfte er mit ihr, weil sie es «zugelassen hatte». Er sagte, sie sei zu alt, um Mutter zu werden, und verlangte eine Abtreibung. Doch das war nicht nötig: Die ermüdenden Fussmärsche von und zur Arbeit, das Aufräumen seiner Sauordnung im und ums Haus und die Schläge, die sie von ihm erhielt, wenn sie mal zu spät kam oder sich weigerte, ihm ihr selbst verdientes Geld auszuhändigen, bewirkten, dass sie das Kind verlor. Als sie aus dem Spital kam, hatte ihr Mann bereits alles verkauft und Flugbillette für die Schweiz gekauft. Obwohl sie es nicht zeigte, war Leny innerlich froh. Sie hoffte, ihr Mann würde sich bessern, wenn er wieder bei seinen Leuten wäre. Und in der Schweiz fände er sicher einfacher eine Stelle als in Südafrika. Ihre Hoffnungen zerschlugen sich, als sie realisierte, dass ihr Mann weiterhin trank. Wiederum wurde sie auf Arbeitssuche geschickt. Da sie kein Deutsch sprach, fand sie auch keine Stelle, ausser hin und wieder als Aushilfe bei den Nachbarsleuten, putzen und Kleider bügeln. Das brachte ein bisschen Geld, aber nicht genug, um Lebensmittel und Alkohol zu kaufen. Sie verstand nicht, wie ihr Mann von ihr erwarten konnte, das Leben für beide zu bestreiten. Einmal, als sie sich weigerte, ihm die paar Franken, die sie verdient hatte, zu geben, schlug er sie blau und grün. Sie rannte aus dem Haus zur nächsten Polizeiwache. Aber das half nichts, obwohl ein Polizist da war, der Englisch sprach. Man riet ihr, den Mann zu verlassen, die Polizei könne nichts unternehmen, da es eine Familienangelegenheit sei. Wäre sie ausserhalb des Hauses geschlagen worden, wäre es Ruhestörung gewesen, doch das war nicht der Fall. Sie wurde nach Hause geschickt, nachdem sie Kaffee erhalten hatte und ihre Wunden behandelt worden waren.

Dass ich hier von Mary und Leny, zwei Philippininnen, berichte, hat mit meiner Arbeit im Balikatan, einem Zentrum für Philippininnen in Chur zu tun. Doch es könnte sich dabei ebensogut um Frauen aus Asien, Afrika oder Lateinamerika handeln. Ihre Geschichten zeigen, dass Gewalttätigkeiten an ausländischen Ehefrauen unterschiedliche Formen haben. Bei einigen sind es körperliche Angriffe, Schläge des Ehemannes. Für andere ist es psychische Gewalt oder sexuelle Ausbeutung. Gewalt gegenüber Ausländerinnen geht nicht nur vom Ehemann aus. Es sind eine ganze Reihe von Leuten und Beziehungen, welche Macht über diese Frauen ausüben, insbesondere dort, wo die Gemeinschaft noch immer wie eine Grossfamilie aufgebaut ist.

3.1 Warum kommen die Ausländerinnen in die Schweiz?

Mary und Leny sind keine Einzelfälle. Tausende von Frauen emigrieren aus verschiedenen Gründen und mit unterschiedlichen Folgen für sich selbst und ihre Familien. Vielfach geben die Migrationsstatistiken keine Auskunft über das Geschlecht, und die illegale Migration wird gar nicht erfasst. Deshalb kann die Zahl und Herkunft der weiblichen Migrantinnen und das Ausmass ihrer Probleme nur geschätzt werden. Verschiedene Untersuchungen zeigen jedoch, dass die Migration der Frauen zunimmt. Die Gründe dafür liegen unter anderem in der Wechselwirkung von «Push-Faktoren» im Ursprungsland und «Pull-Faktoren» im Zielland.

Die «Push-Faktoren»

Die wirtschaftlichen Bedingungen in Asien, Afrika und Lateinamerika sind sich alle recht ähnlich, die meisten Länder sind exportorientiert. Der grösste Teil der Bevölkerung besitzt kein Land, und das landwirtschaftlich genutzte Land und die verfügbaren Hilfsmittel sind in schlechtem Zustand. Frauenarbeit wird sehr gering bewertet. Ausserdem sind die politischen Bedingungen in diesen Ländern von Feudalismus, Kolonisation und vom Einfluss fremder Mächte geprägt. Oder es herrscht Bürgerkrieg, einzelne Volksgruppen werden von den Machthabenden verfolgt. Das Militär spielt meist eine ausschlaggebende Rolle. Korruption und Bestechung sind bei den Beamten an der Tagesordnung. Nicht selten tragen Naturkatastrophen wie Typhoons, Erdbeben, Trockenheit und Vulkanausbrüche noch zur Verschlechterung der bereits miserablen Lebensbedingungen bei.

Vielfach folgen Frauen ihren Ehemännern oder Vätern, welche ihr wirtschaftliches Glück in einem industrialisierten Land versuchen wollen. Oder sie sind Angehörige verfolgter politischer oder ethnischer Minderheiten und kommen meist ebenfalls als Ehefrauen oder Töchter von Asylsuchenden zu uns. Selbständige weibliche Migration kann Teil der Überlebensstrategie eines Haushalts sein. In manchen Ländern schickt man lieber die Frauen in die Fremde, weil sie einen ausgeprägten Familiensinn haben und daher eher etwas von ihrem Lohn nach Hause senden. Migration ist oft auch die einzige Möglichkeit für Frauen, sich einer patriarchalen Gesellschaft zu entziehen, in der sie unter autoritären Familienstrukturen und unter Unterdrückung und Diskriminierung leiden.

Die «Pull-Faktoren»

Viele Familien in der industrialisierten Welt, in denen Frau und Mann erwerbstätig sind, engagieren eine Haushalthilfe und/oder ein Kindermädchen. Frauen aus Asien, Afrika oder Lateinamerika sind dabei als billige Arbeitskräfte sehr gefragt. In den Medien werden die Frauen dieser Kontinente als unterwürfig, zuverlässig, effizient, umsorgend, anpassungsfähig, sex-liebend und flexibel dargestellt, viele Schweizer Männer mit traditionellen Rollenvorstellungen sehen in ihnen die ideale Ehefrau. So hat sich ein eigentlicher Heiratsmarkt mit Ausländerinnen entwickelt. In den meisten Industrieländern bleibt den Migrantinnen gar nichts anderes übrig, als unter schlechten Bedingungen im Gesundheitswesen oder als Haushalthilfe zu arbeiten, eine oft illegale Beschäftigung im Sexgewerbe anzunehmen oder einen westlichen Mann zu heiraten.

3.2 Wie kommen sie ins Land?

Einige der Frauen kommen als «mail order brides» («Frauen aus dem Versandkatalog») durch Vermittlungsbüros ins Land. Diese Büros, welche man in ganz Europa findet, haben ihre Geschäftspartner in Asien, Afrika, Lateinamerika und Osteuropa, den Hauptherkunftsgebieten der ausländischen Frauen. Die Partner haben die Aufgabe, Frauen anzuwerben und auszuwählen. Dies geschieht zum Beispiel über Inserate wie «Brieffreundin gesucht» oder «Nette Schweizer Männer suchen Ehefrauen». Alle Bewerberinnen werden eingehend befragt. Es wird darauf geachtet, dass die Frauen aus Familien stammen, welche keinen Ärger machen werden. Es sind oft sehr arme Familien. Die Frauen werden auf Herz und Nieren geprüft, es wird nach Krankheiten in der Familie gefragt, und erst wenn sie für «gut genug» befunden werden, kommen ihre Fotos in die Kataloge, die dann von den zukünftigen Ehemännern in Europa gelesen werden.

Nachdem der Mann seine Wahl getroffen hat, die Bedingungen abgemacht und die Gebühren bezahlt sind, erhält die Frau ein Foto des zukünftigen Ehemannes. Flugschein, Versicherungen, Verpflegung und Unterkunft werden von den zukünftigen Ehemännern finanziert.

Um die Einreise der Frau zu ermöglichen, müssen die Männer bei der Fremdenpolizei bestätigen, dass sie die Frauen einladen und die Kosten für deren Aufenthalt übernehmen. Sobald die Bewilligung erteilt ist, wird die Frau benachrichtigt und erhält dann bei der zuständigen Botschaft ein dreimonatiges TouristInnenvisum. Während dieser drei Monate kann sich der Mann entscheiden, ob er die Frauen wirklich heiraten will. (Dass eine Frau nein gesagt hat, kommt kaum vor.) Andernfalls kehrt die Frau nach Hause zurück, sobald das Visum abgelaufen ist.

Andere Frauen kommen ins Land auf Einladung von Freundinnen, welche bereits mit Schweizern verheiratet sind, und hoffen, jemanden für sich selbst zu finden. Schwestern, Cousinen und Freundinnen sind behilflich, einen Schweizer Ehemann zu finden und so den «sozialen Status zu verbessern». Man beantwortet Inserate von Männern, die Frauen suchen, oder in der Gemeinde werden passende Ehemänner gesucht. Ob «mail order brides» oder nicht, es wird von den Frauen erwartet, dass sie mit ihren zukünftigen Ehemännern schlafen. Eine Ablehnung gilt oft als Zeichen von Desinteresse. Das macht es für die Frauen sehr schwierig, sich später zurückzuziehen, wenn sie die Männer unakzeptabel finden. Sie haben mit ihnen geschlafen, und ihre Familien und Freunde wissen davon. Sie würden ihr Gesicht verlieren und von ihren Nachbarn und Freunden verachtet, wenn sie den Mann nicht akzeptierten. Wie die «mail order brides» erhalten diese Frauen ebenfalls ein TouristInnenvisum für drei Monate. Das Visum kann nur verlängert werden, wenn die Beschaffung der Papiere für die Heirat mehr Zeit beansprucht und die Männer ein Eheversprechen unterzeichnen.

Manche Ausländerinnen, die mit einem Schweizer verheiratet sind, haben ihren Ehemann in ihrem Heimatland kennengelernt und geheiratet. Von den drei Gruppen sind sie am besten gestellt, denn sie hatten meist genug Zeit, ihren Mann kennen zu lernen, ohne sich direkt in eine Heirat stürzen zu müssen. Der komplizierte und aufwendige Papierkrieg, welcher in den meisten Ländern für die Heirat zwischen einer Einheimischen und einem ausländischen Mann zu erledigen ist, hat ihre Verlobungszeit zwangsläufig verlängert.

Die ausländischen Ehefrauen von Ausländern sind entweder mit ihrem Mann eingereist, sind ihm im Rahmen des Familiennachzugs gefolgt oder sie kamen mit ihren Eltern in die Schweiz und heirateten hier einen Mann ihrer eigenen Ethnie, was für manche Familien und in vielen Kulturen wichtig ist. Sowohl der Mann wie auch die Frau müssen also einen Integrationsprozess bewältigen. Die Rollenvorstellungen und Verhaltensnormen ihrer eigenen Kultur wie auch die frauendiskriminierenden Strukturen des Gastlandes bewirken, dass die Voraussetzungen für diesen Prozess für beide Geschlechter sehr unterschiedlich sind.

3.3 Weshalb sich Ausländerinnen noch schlechter gegen Gewalt wehren können

Doppelte Diskriminierung

Migrantinnen aus Ländern, die lange von fremden Mächten dominiert wurden, stehen immer noch unter dem Einfluss der kolonialen Mentalität und fühlen sich den Einheimischen gegenüber minderwertig. Diese ihrerseits halten sich oft für etwas Besseres als die Ausländerinnen und Ausländer, was durch das wirtschaftliche Nord-Süd-Gefälle noch verstärkt wird. Dazu kommt die Diskriminierung aufgrund des Geschlechts, welche über traditionelle Rollenvorstellungen in Erziehung und Medien sowie patriarchale Gesellschaftsstrukturen auf beiden Seiten, bei Frau und Mann, ständig weitergegeben und verfestigt wird.

AusländerInnengesetzgebung

Früher erhielten ausländische Frauen, die einen Schweizer Bürger heirateten, automatisch das Schweizer Bürgerrecht. Seit 1992 neue Bestimmungen über den Erwerb des Bürgerrechtes durch Eheschliessung eingeführt wurden, müssen die Frauen für mindestens drei Jahre mit ihrem Schweizer Ehemann zusammenleben, bevor sie eine Niederlassungsbewilligung beantragen können. Noch schlechter dran ist die ausländische Ehefrau eines (niedergelassenen) Ausländers, die ebenfalls nur durch die Heirat eine B-Bewilligung bekommen hat und auch nach drei Jahren in der Schweiz noch keine eigenständige Aufenthaltsbewilligung erhält. In dieser Situation sind die Frauen ziemlich schutzlos den Misshandlungen ihrer Ehemänner ausgesetzt, da sie in der Regel das Bleiberecht verlieren, wenn sie sich vom Mann trennen (vgl. S. 107). Erschwerend kommt hinzu, dass viele Ausländerinnen die Sprache des Gastlandes nicht beherrschen und daher nicht wagen, Hilfe zu suchen. Sie befürchten zudem, missverstanden zu werden, und sind jedermann gegenüber misstrauisch.

Erziehung und Religion

In vielen Ländern sorgen Erziehung und Religion dafür, dass die Familie für die Frauen an erster Stelle steht. So ist es nicht verwunderlich, wenn sie es «normal» finden, ihr Schicksal in Ruhe zu tragen. Den Mann zu verlassen, bedeutet – auch wenn sie von ihren Ehemännern geschlagen wurden – einen schwerwiegenden Verstoss gegen die weiblichen Verhaltensnormen. Sogar Aussenstehenden gegenüber von der häuslichen Gewalt zu sprechen, ist den Frauen verboten. Je stärker eine Frau von ihrer Familie kontrolliert wird, desto schwieriger ist es für sie, im Falle von Gewalt ausser Haus Schutz zu suchen und allenfalls Schritte in Richtung Trennung zu unternehmen.

Isolation / Sprachbarriere

Wegen der Stigmatisierung als «Heirats-Migrantin» oder «exotische Tänzerin» tendieren viele Frauen dazu, sich von ihren NachbarInnen und von den FreundInnen ihrer Schweizer Ehemänner fernzuhalten.

Sie fühlen sich verachtet und werden manchmal auch wirklich total ignoriert. Daher beginnen sie, den Kontakt mit der Aussenwelt zu meiden. Manche Frauen werden auch von ihren Ehemännern oder andern Familienmitgliedern daran gehindert, Kontakte mit der einheimischen Bevölkerung aufzunehmen. Die Sprachbarriere ist ebenfalls ein wichtiger Grund für die Isolation. Frauen ohne gute Grundausbildung haben Mühe, eine zweite Sprache zu lernen. Aus Angst, die Frau könnte zu eigenständig werden oder sich von der fremden Kultur beeinflussen lassen, wird der Besuch von Sprachkursen oft wenig unterstützt. Schon Schweizer Frauen müssen grosse Hürden überwinden, wenn sie sich häuslicher Gewalt entziehen wollen. Noch viel schwieriger ist dies für Ausländerinnen und vor allem für Frauen aus der sogenannten Dritten Welt. Wenn sie sich entscheiden wegzugehen, gibt es für sie wegen der Sprachprobleme, fehlender Qualifikationen oder Nicht-Anerkennung der zu Hause erworbenen Ausbildung durch die Schweizer Behörden kaum Möglichkeiten, sich ihren Lebensunterhalt selbst zu verdienen.

Vorurteile/Unwissenheit

All die Vorurteile über geschlagene Frauen (vgl. Teil I) werden auch auf ausländische Ehefrauen angewandt, und es kommen noch ein paar mehr hinzu. Sie seien selbst schuld an der Gewalt, hätten sie provoziert, sie wollten so behandelt werden, sonst würden sie sich ja dagegen wehren, in ihrer Kultur seien gewalttätige Auseinandersetzungen normal usw. So vermischen sich ethnozentristische und rassistische Einstellungen mit dem alltäglichen Sexismus, begünstigen einerseits die Misshandlungen und verhindern anderseits deren Beendigung. Die ausländischen Ehefrauen selbst wissen oft nicht, dass es Unterkünfte und Beratungsstellen für geschlagene und misshandelte Frauen gibt und dass sie als Ausländerinnen genauso das Recht haben, diese Hilfe in Anspruch zu nehmen.

3.4 Wie kann der Gewalt ein Ende gesetzt werden?

1 Es braucht mehr als die aufopfernden Bemühungen einiger weniger, um die Gewalt von Männern gegen ihre ausländischen Ehefrauen zu beenden. In einem ersten Schritt muss das ganze Ausmass des Problems dargestellt werden. Häusliche Gewalt kann sich zum Teil auch deshalb so hartnäckig halten, weil sie im Verborgenen geschieht. Wenn Regierungsstellen und Frauenorganisationen das *Ausmass der Gewalt mit Studien und besseren Statistiken aufzeigen,* wird Unkenntnis nicht länger als Ausrede für Untätigkeit gelten können.

2 Die Gewalt aufzudecken ist jedoch nur der erste Schritt. Die wirkliche Aufgabe liegt darin, die gesellschaftlichen Verhältnisse zu verändern, welche die Grundlagen für die Misshandlung von Ehefrauen und Auländerinnen bilden. Mit Langzeitinvestitionen im Gesundheits- und Ausbildungswesen, im Arbeits- und Umweltschutz *müssen die Lebensbedingungen in den Herkunftsländern verbessert* werden. Denn wenn das Leben zu Hause erträglich wäre, würde keine Frau die Sicherheit ihres Heims und ihrer Familie verlassen, um einen Mann zu heiraten, den sie nicht einmal kennt oder vielleicht gar nicht mag. Wenn das Leben zu Hause die Möglichkeit böte, für sich selbst zu sorgen, die eigenen Träume und Ziele in Würde verwirklichen zu können, würde keine Frau ein Leben mit körperlichem und psychischem Terror durch einen Ehemann und seine Familie riskieren. Sie wäre nicht gezwungen zu tun, was ihm gefällt, bis hin zur Prostitution, um für seine und ihre Existenz zu sorgen. Wenn das Leben zu Hause nicht so hart wäre, würde kein Mensch die Kälte und Feindseligkeit einer Gesellschaft ertragen, in der AusländerInnen diskriminiert und gehasst werden.

3 Wenn ausländische Ehefrauen mit einer *unabhängigen Aufenthaltsbewilligung* ausgestattet wären, hätten sie die Möglichkeit, ihren Mann zu verlassen, falls er sie schlecht behandelt oder missbraucht, ohne fürchten zu müssen, aus der Schweiz ausgewiesen zu werden. Kein Ehemann einer ausländischen Frau könnte mehr deren Hilflosigkeit und Angst vor der Ausweisung ausnützen und als Drohung einsetzen.

4 Nationale und internationale Hilfsorganisationen können ihren Teil dazu beitragen, indem sie mehr *Projekte organisieren, die die Gewalt gegen ausländische Ehefrauen bekämpfen.* Bestehende Selbsthilfeorganisationen, welche Unterkunft bieten, Rechtsauskünfte erteilen, Medienkampagnen durchführen und sich für die Gleichstellung der Frauen einsetzen, sollten unterstützt werden, und zwar nicht nur moralisch, sondern auch finanziell.

5 Entwicklungsprogramme für die Dritte Welt und die Revision der Migrationsgesetze sind langfristige Massnahmen. Inzwischen sollten die Frauen nicht untätig bleiben. Sie müssen jetzt und hier versuchen, ihre Lebensbedingungen zu verbessern. Der wichtigste Schritt – das Durchbrechen der Isolation – muss von den Frauen selbst gemacht werden. Dazu müssen sie *die Sprache des Gastlandes lernen.* Es gibt keinen einfacheren Weg. Wer die Landessprache spricht, wird es bei der Arbeitssuche wie auch bei der Kommunikation mit FreundInnen und Bekannten leichter haben. Sie wird in der Lage sein, Dokumente zu lesen, Instruktionen zu verstehen und sich auszudrücken. Das wird ihr auch ermöglichen, für sich und ihre Kinder selbst zu sorgen.

6 Frauen sollten sich nicht damit abfinden, das «Opfer von Umständen» zu sein. Es gibt immer etwas, das sie tun können, wenn sie wollen. Ihr Körper und ihre Seele gehören niemand anderem als ihnen. Deshalb sollten sie *sich über ihre Rechte informieren.* Es gibt Amtsstellen und private Institutionen, die eigens dafür geschaffen wurden, um zu unterstützen und zu informieren, warum sollte frau davon keinen Gebrauch machen? AusländerInnenvereinigungen, getragen von den eigenen Landsleuten, finden sich in den meisten Städten und Regionen. Sie sind eine gute Quelle für Informationen und Ratschläge. An Kursen teilnehmen, in denen die vorhandenen Fähigkeiten gefördert oder neue vermittelt werden, ist nützlich, um die Chancen auf dem Arbeitsmarkt zu verbessern. Es hilft aber auch, die eigenen Stärken zu erkennen und zu fördern, und das wiederum dient der persönlichen Entwicklung. Mit all diesen Aktivitäten wird die Fähigkeit der Frauen gestärkt, sich selbst zu behaupten, was zu *vermehrter Selbstachtung und grösserem Selbstbewusstsein* beiträgt und schlussendlich den Mut gibt, Klischees in Frage zu stellen.

7 Erziehung, Religion, Medien, sie alle sind für die Entwicklung und Verbreitung der Klischees, wie Frauen sein sollten, verantwortlich. Es ist nun an der Zeit, dass Frauen selbst diese Bilder verändern. Frauen, die ihre Ehemänner verlassen haben, weil sie schlecht behandelt und missbraucht wurden, sind deswegen keine schlechten Mütter und Ehefrauen. Ausländerinnen sind vielleicht umgänglich, sanft und verständnisvoll, aber das heisst nicht, dass sie deswegen dumme Lasttiere sind, die sich einfach von ihrem Mann verwalten lassen. Sie sind, wie alle Frauen und Männer auf dieser Welt, Menschen mit dem gleichen Anspruch auf Grundrechte und Privilegien. Die Frauen können nicht darauf warten, dass die Welt ihre Meinung über sie ändert. *Frauen müssen selbst der Welt erklären, was und wie sie wirklich sind.*

4. Wer kümmert sich um die Täter? – Männer gegen Männergewalt

Gespräch mit Lucio Decurtins
vom Mannebüro Zürich

Schon seit längerer Zeit fordern die Frauenbewegung und insbesondere die Fachfrauen, die sich mit Gewalt gegen Frauen befassen, die Männer auf, sich mit dem Thema Männergewalt gegen Frauen auseinanderzusetzen und gegen die Gewalttätigkeit ihrer Geschlechtsgenossen aktiv zu werden. Doch bis heute gibt es in der Schweiz nur vereinzelt Männer und Männergruppen, die der Aufforderung gefolgt sind und sich ernsthaft und konkret gegen Männergewalt an Frauen engagieren (vgl. Adressteil, S. 151ff.). Eine solche Institution ist das 1989 in Zürich eröffnete Mannebüro, das sich schwergewichtig auf die Arbeit mit gewalttätigen Männern ausrichtet. Nachdem das Büro jahrelang ausschliesslich in ehrenamtlicher Arbeit betrieben wurde, konnte auf Anfang 1997 eine feste, vorwiegend aus privaten Mitteln finanzierte Stelle (50%) eingerichtet werden. Der Sozialpädagoge Lucio Decurtins, seit den Anfängen im Mannebüro mit dabei, hat diese Stelle inne und gibt Auskunft über die Tätigkeit des Mannebüros.

Wie ist das Mannebüro mit seinem Schwerpunktthema Männergewalt entstanden?

Am Anfang stand die Abschlussarbeit von zwei Absolventen der Schule für Sozialarbeit, die die Idee hatten, von Männerseite etwas gegen die Gewalt an Frauen zu unternehmen, und – inspiriert von ähnlichen Projekten in Deutschland – ein Konzept für ein Männerbüro ausarbeiteten.

Aus dem Namen «Mannebüro» wird die Ausrichtung auf Männergewalt nicht deutlich. Weshalb?

Weil das nicht unser einziges Thema ist. Das Mannebüro bietet Beratung, Informationen und Bildung für Männer über Gewalt und andere Probleme an.

Wie definieren Sie in Ihrer Arbeit Gewalt?

An sich arbeiten wir mit einem sehr weiten Gewaltbegriff. Auch strukturelle Gewalt gehört dazu. Wenn beispielsweise ein Mann seiner Frau den Zugang zu finanziellen Ressourcen verweigert, wenn Frauen der Zugang zu Bildung erschwert oder gar verunmöglicht wird, auch strukturelle Gewalt im öffentlichen Raum, dies alles gehört für uns zur Gewalt. Also eigentlich alle Handlungen, die eine Person daran hindern, sich so zu entfalten, wie es ihr entsprechen würde. Nun sprechen wir in unserer Arbeit natürlich nicht alle Leute an, die in einer solchen Form Gewalt ausüben. Hier geht es schon in erster Linie um physische und sexuelle Gewalt von Männern gegenüber Frauen.

In welchen Situationen melden sich gewalttätige Männer beim Mannebüro?

Grundsätzlich melden sich überhaupt sehr wenige und eigentlich nur dann, wenn ein Druck von aussen besteht. Es kommt selten vor, dass ein Mann von sich aus anruft, weil er seine Frau geschlagen hat und denkt: «Das ist nicht gut, ich sollte eine Beratung aufsuchen.» Männer rufen dann an, wenn die Frau ihnen ein Ultimatum stellt, ins Frauenhaus geht oder sonst die Wohnung verlässt. Das setzt die Männer unter Druck. Es könnte auch der Druck durch einen Nachbarn sein oder durch andere Personen, doch das passiert leider nicht oder viel zu selten. Und dann muss der Mann in diesem Moment natürlich auch gerade an die Nummer des Mannebüro herankommen.

Wie erfahren die Männer denn von der Existenz des Büros?

Vielleicht macht sie jemand darauf aufmerksam, zum Beispiel das Frauenhaus, oder sie haben bereits davon gelesen oder gehört. Die Nummer steht im Telefonbuch. Aber eigentlich müssten wir viel bekannter sein. Denn gerade in dem Moment, wo die Männer unter ihrer Gewalttätigkeit oder deren Folgen leiden, sind sie ansprechbar, dann wäre es wichtig, dass sie wissen, wohin sie sich wenden können. Über andere soziale Stellen, bei denen wir gut bekannt sind, läuft das eigentlich nicht, weil die Männer sich mit ihrem Problem auch nicht dorthin wenden. Das bestätigt unser Konzept eines niedrigschwelligen Angebotes, das nicht ausschliesslich auf Gewalt ausgerichtet ist. Die Männer rufen vielfach nicht einfach an und sagen: «Ich bin gewalttätig.» Sie sagen zum Beispiel, sie kämen mit dem Haushalt nicht zurecht. Dann stellt sich erst im Gespräch heraus, dass die Frau weggegangen ist, weil sie sie geschlagen haben. Oder sie möchten eine Beratung, weil sich die Frau von ihnen trennen will. Und bei den Gründen, weshalb sie sich trennen will, stossen wir dann auf die Gewalt. Deshalb bieten wir eben auch Beratungen zu anderen Problemen an. Wir haben jedoch – im Gegensatz zu anderen Stellen – die Gewalt immer im Hinterkopf und sprechen diesen Punkt an. Es kommt nicht selten vor, dass ein gewalttätiger Mann jahrelang in Therapie geht, ohne dass seine Gewalttätigkeit je zur Sprache kommt. Bei uns hingegen geht kein gewalttätiger Mann hinaus, ohne dass das nicht thematisiert worden wäre. Aber der Umweg über ein anderes Thema lässt ihm etwas mehr Zeit. Es gibt vor allem in Deutschland und den USA andere Konzepte, also etwa Stellen, bei denen schon vom Namen und von der Spezialisierung her klar ist, wenn einer dort anruft, dann ist er ein Gewalttäter. Da gibt es keinen Umweg oder Vorwand. Ich will nicht behaupten, dass unser Modell besser ist. Wir haben einfach die Erfahrung gemacht, dass es für die Schweiz ganz gut funktioniert.

Was geschieht nun, wenn ein Mann, mit welchem Anliegen auch immer, bei Ihnen anruft?

Es ist so, dass Männer in dieser Situation eine unverbindliche Abmachung oft nicht einhalten. Denn wenn die Frau zum Beispiel inzwischen zurückgekehrt ist, ist für sie das Problem nicht mehr akut. Deshalb vereinbaren wir mit ihnen möglichst rasch einen Termin für ein Gespräch im Mannebüro. Was dann folgt, kann als kurzfristige Krisenintervention bezeichnet werden. Wir möchten den Mann dazu bringen zu sehen, wo überhaupt sein Problem liegt und was ihm weiterhelfen könnte. Wir versuchen, ihn für eine längere Beratung oder Therapie zu motivieren und weisen ihn dann weiter an Psychiater, die mit gewalttätigen Männern arbeiten und mit denen wir in Kontakt stehen. Natürlich ist auch ein wichtiges Ziel, dass er mindestens in der Zeit, in der er bei uns in Beratung ist, nicht wieder gewalttätig wird. Wir besprechen mögliche Situationen, in denen er mit Gewalt reagieren könnte, suchen gemeinsam nach Alternativen und treffen darüber verbindliche Abmachungen, sodass er nicht mehr gewalttätig werden muss. Dabei soll er aber nicht denken, wenn es einmal fünf Wochen ohne Gewalt funktioniert, sei sein Problem gelöst. Längerfristige Therapien sind absolut nötig, doch haben wir nicht die Möglichkeit, sie selbst anzubieten.

Wir haben auch Gruppen angeboten, doch das Problem dabei ist, dass zu wenig Männer gleichzeitig an einer solchen Gruppe interessiert sind. Wenn wir die Männer längere Zeit vertrösten müssen, bis eine Gruppe entsteht, verlieren sie meist die Motivation. Eine Gruppe ist sicher eine geeignete Form, um mit gewalttätigen Männern zu arbeiten, und wir werden auch weiterhin versuchen, Gruppen anzubieten. Wir müssen nur eine Lösung finden, wie jederzeit neue Männer einsteigen können.

Wie viele Männer beraten Sie und mit welchem Erfolg?

Bisher haben wir pro Jahr etwa 12 Beratungen mit gewalttätigen Männern durchgeführt. Zu andern Themen sind es allerdings viel mehr Beratungen, und sie nehmen Jahr für Jahr zu. Wir hatten bis jetzt keine Kapazitäten für eine sorgfältige Evaluation unserer Arbeit. Wenn man das seriös machen will, ist es sehr aufwendig. Man müsste die Männer über längere Zeit beobachten und nicht nur sie, sondern auch ihre Umgebung befragen, ob sie nun wirklich nicht mehr gewalttätig sind. Für uns ist es schon ein Erfolg, wenn ein Mann mehrmals zu uns kommt und es uns gelingt, ihn wirklich zu einer Therapie zu motivieren. Es kann auch ein Teilerfolg sein, wenn einer ein-, zweimal kommt, das Gefühl hat, es hilft ihm ein wenig, und er dann vielleicht aus Faulheit oder weil es in der Beziehung wieder besser läuft, abbricht. Dann ist er vielleicht so weit, dass er beim nächsten Mal wiederkommt, weil er eigentlich weiss, dass sein Problem nicht so schnell gelöst ist.

Wie Sie selbst gesagt haben, braucht es bei gewalttätigen Männern einen Druck von aussen, um sie zu einer Beratung oder Therapie zu bewegen. Wäre es nun nicht möglich und sinnvoll, diesen Druck zu erhöhen, indem solche Männer zum Beispiel vom Richter oder von der Polizei verpflichtet werden, eine Beratung aufzusuchen?

Ein Druck ist sicher wichtig, ohne den läuft praktisch nichts. Das moralische Empfinden, das Unrechtsbewusstsein ist bei vielen Männern nicht so ausgebildet, dass sie von sich aus etwas unternehmen. Es gibt ja auch Untersuchungen, die zeigen, was Männer alles tun würden, wenn sie sicher wären, dass sie nicht zur Rechenschaft gezogen würden. Ein verstärkter Druck würde sicher einiges verbessern, und daher versuchen wir in unserer Öffentlichkeitsarbeit, darauf hin zu wirken, dass dieser Druck erhöht wird. Das bedeutet etwa, die Position der Frau zu stärken, so dass sie eher weggehen oder sich zur Wehr setzen kann.

Anderseits verspreche ich mir wenig davon, Täter unter Zwang zu therapieren. Ich denke nicht, dass der Erfolg da sehr gross wäre. Grundsätzlich ist es schon wünschenswert, dass die Leute freiwillig kommen. Hingegen muss der soziale Druck erhöht werden, damit Täter motiviert werden, ihr Verhalten zu ändern. In unserer Gesellschaft ist der Druck auf gewalttätige Männer so gering, dass solche Modelle mit Zwangsberatung und -therapie durchaus Sinn machen können. Es kämen dann mehr Männer zur Beratung, und auch wenn die Erfolgsquote durch den Zwang kleiner wäre, gäbe es immer noch viel mehr erfolgreich behandelte Täter als heute. Ausserdem würde die Gesellschaft so deutlich Stellung nehmen und sagen: Das ist wichtig, diese Männer müssen sich ändern. Man müsste aber gleichzeitig die Schwelle viel niedriger ansetzen, also nicht einfach jene, die jetzt ins Gefängnis kommen, stattdessen in eine Therapie schicken, sondern schon bei weniger schwerwiegenden Taten die Männer herausnehmen und zu einem solchen Programm verpflichten. Das könnte einerseits eine gewisse abschreckende, anderseits eine bewusstseinsfördernde Wirkung haben, die ich sehr gut fände.

Sie haben erwähnt, dass das Mannebüro neben der Beratung auch noch Öffentlichkeits- und Bildungsarbeit macht. Worum geht es da?

Mit der Öffentlichkeitsarbeit wollen wir das Mannebüro bei Institutionen, bei Tätern und bei Männern generell bekannt machen.

Mit der Weiterbildungsarbeit möchten wir möglichst viele Organisationen und Institutionen, die in irgendeiner Form mit Männergewalt zu tun haben, für das Thema sensibilisieren. Im Grunde genommen betrifft das ja alle Institutionen im sozialen Bereich. Solche Kurse und Tagungen machen wir häufig zusammen mit den Frauen von der Beratungsstelle für Frauen gegen sexuelle Gewalt (Nottelefon). Das Ziel ist, dass die Leute, die in ihrem Beruf mit Tätern und Opfern von Gewalt konfrontiert sind, wissen, wie sie sich ihnen gegenüber verhalten sollen.

Oft werden wir eingeladen von Ausbildungsstätten für soziale und Gesundheitsberufe wie KrankenpflegerInnen, PsychiatriepflegerInnen, SozialarbeiterInnen usw. Wir machen Weiterbildungsangebote für BeraterInnen im Bereich der Opferhilfe, haben auch schon mit SelbstverteidigungslehrerInnen zusammengearbeitet. Die Nachfrage nach solchen Veranstaltungen ist recht gross. Das hat damit zu tun, dass sich viele Frauen mit dem Thema bereits beschäftigt haben und die Männer langsam ebenfalls nachziehen, oder dass die Frauen selbst eine Auseinandersetzung über Männer und Gewalt verlangen.

Was tut das Mannebüro, um möglichst früh, also schon bei Knaben, der Gewalt und Gewaltbereitschaft entgegenzuwirken?

Ich fände es sehr sinnvoll, wenn wir dort noch mehr tun würden, denn es fängt ja schon sehr früh an mit dem Geschlechterbild, mit der Rollenverteilung und auch mit der Gewalttätigkeit. Da sind wir in zwei Bereichen aktiv. Das eine sind die Väter. Wir setzen uns dafür ein, dass sich Männer mehr an der Kinderbetreuung beteiligen, mehr Zeit für ihre Kinder haben und ihnen ein greifbares, reales Vorbild sind. So bekommen Knaben ein konkretes männliches Vorbild und müssen sich nicht darüber definieren, dass sie sich von der Mutter bzw. von den Frauen abgrenzen. Das andere ist die Arbeit mit den Knaben selbst. Wegen unserer beschränkten Kapazitäten haben wir uns für die Arbeit mit Multiplikatoren entschieden. Wir bieten Tagungen an zum Thema Bubenarbeit, wo sich beispielsweise Jugendarbeiter überlegen sollen, wie sie anders mit männlichen Jugendlichen arbeiten könnten. In den letzten Jahren sind daraus verschiedene Gruppen entstanden und ein Netz von Jugendarbeitern, die Bubenarbeit machen und ihre Erfahrungen untereinander austauschen und weitergeben.

Was soll Ihrer Meinung nach die Bubenarbeit den männlichen Jugendlichen vermitteln?

Das ist schwierig, in wenigen Sätzen zu erklären. Sicher gehört dazu ein erweitertes Spektrum von Verhaltensweisen, das über die vorgelebten Männerrollen hinausgeht. Sie sollen feststellen, dass sie etwa ihre Gefühle auch anders ausdrücken können, als es ihnen von der Gesellschaft vorgelebt wird, dass sie mit anderen Buben über ihre Probleme sprechen können, dass eine Freundschaft auch darauf aufbauen kann und Männer einander nicht nur als Konkurrenten sehen müssen. Dann geht es auch um Auseinandersetzungen und Hilfestellungen beim Umgang mit dem andern Geschlecht. Hier sollen Alternativen zu den meist gewalttätigen und frauenverachtenden Bildern der Medien vermittelt werden.

Inwiefern kann solche Bubenarbeit präventiv gegen spätere Gewalttätigkeit wirken?

Ich denke, dass ein Mann, der ein differenziertes Bild der Geschlechterrollen und die Idee der Gleichberechtigung mitbekommen hat, nicht Gewalt anwenden muss. Sein Selbstwertgefühl als Mann ist nicht davon abhängig, dass er sich, wenn nötig mit Gewalt, durchsetzt. Er kann Gefühle und Belastungen ausdrücken, Verantwortungen teilen. So muss es nicht, wie in manchen Extremfällen, zum «Familiendrama» kommen, in dem der Mann plötzlich und ohne Vorwarnung seine ganze Familie und sich selbst umbringt, weil er, wie er meint, seine Verantwortung nicht mehr wahrnehmen kann. Wenn da früher Möglichkeiten bestehen, die eigene Überforderung einzugestehen und Gefühle auszudrücken, etwa durch weinen, darüber reden oder sich etwas zuliebe tun, alles Dinge, die die Männer im Allgemeinen schlecht können, dann kann die Gewalttat vielleicht verhindert werden.

Es kann sein, dass wir im Gespräch mit einem Mann nur langsam auf die Gewalt kommen. Wann war das letzte Mal? Wie oft passiert es? Aha, es passiert immer wieder. Dann kommt man mit der Zeit weg von der Aussage: «Die Hand ist mir ausgerutscht.» Unser Ziel ist, dass der Mann lernt, sich in einer aktiven Rolle zu sehen. Die Hand ist nicht ausgerutscht, sondern er hat sie geführt. Dieser Schritt ist die Voraussetzung dafür, dass er auch anders reagieren kann. Es ist nicht die Affektreaktion oder der Alkohol, die die Gewalt ausgelöst haben. Auch wenn Alkohol im Spiel war, ist er es, der zuviel getrunken hat. Er muss seine aktive Rolle und damit auch seine Verantwortung anerkennen. Das gibt ihm erst die Möglichkeit zur Veränderung.

Wieviele Männer arbeiten im Mannebüro?

Wir sind sechs Männer, die – mit einer Ausnahme – alle seit den Anfängen dabei sind. Die Gruppe ist also sehr konstant. Uns ist wichtig, dass die Arbeit unserem Leitbild und unserem Ziel entspricht. Gerade beim Thema Gewalt ist die inhaltliche Ausrichtung der Arbeit eine heikle Sache. Wir konnten auf diese Weise über die sechs Jahre hinweg eine klare Linie beibehalten, die uns auch ermöglicht hat, mit Frauenorganisationen zusammenzuarbeiten, die der Männerarbeit recht kritisch gegenüberstehen. Das war nur möglich durch die grosse Konstanz in unserer Gruppe.

Gibt es in der Schweiz andere Stellen und Gruppen, die sich mit Männergewalt befassen und mit denen Sie zusammenarbeiten?

Die meisten Männerbüros und Männerinitiativen befassen sich unter anderem auch mit dem Thema Gewalt. Am nächsten steht uns aber das Mannebüro Basel, das ähnliche Arbeit macht wie wir. Einmal im Jahr gibt es ein Männerinitiativentreffen, an dem vor allem Männerbüros zusammenkommen. Manchmal arbeiten wir auch mit der Beratungsstelle für männliche Opfer von sexueller Gewalt zusammen, weil Opfer und Täter ja nahe beieinander sind. Bei Männern zumindest ist es so, dass ein Mann, der als Opfer zur Beratungssstelle kommt, oftmals auch diese Gewalt weitergibt, also selbst Täter ist. Und umgekehrt sind Täter nicht selten auch Opfer gewesen. Bei den Frauen sind diese Zusammenhänge nicht gleich. Das zeigt auch, dass ein Gewaltopfer nicht zwangsläufig TäterIn werden muss.

Weiterbildungen machen wir wie gesagt oft mit den Frauen von der Beratungsstelle für Frauen gegen sexuelle Gewalt zusammen, zum Teil auch mit anderen Frauenberatungsstellen. Ausserdem haben wir Kontakt mit den Therapeuten, an die wir die gewaltausübenden Männer weiterweisen, mit Jugendarbeitern, die Bubenarbeit machen, mit der Kontaktstelle für Opferhilfe und mit den Gleichstellungsbüros.

Warum gibt es nur so wenige Stellen, die sich mit Männergewalt gegen Frauen befassen? Sollten es nicht viel mehr sein?

Meiner Meinung nach sollte es mindestens in jeder grösseren Stadt eine solche Stelle geben, aber es müssten auch die Mittel und die Bereitschaft vorhanden sein, um wirklich breit am Thema und mit den Männern zu arbeiten. Die Schwierigkeit besteht bei diesem Thema darin, dass man sich mit den Tätern und nicht mit den Opfern auseinander setzen muss. Das ist einerseits für die Beratungsarbeit ein Problem, weil man nicht einfach parteilich und einfühlsam sein kann, anderseits macht es aber auch keinen Sinn, den Mann einfach abzulehnen. Und ausserdem ist dies eine Schwierigkeit, wenn man auf Geldsuche geht und Leute für die Mitarbeit gewinnen will. Die Öffentlichkeit geht mit dem Problem so um, dass sie irgendwo eine Grenze setzt, und dahinter sind dann die extremen Gewalttäter, die Monster, die man verurteilen kann. Die Grenze soll möglichst weit weg von uns sein. Ehrlicherweise müsste die Grenze aber ganz nahe bei uns angesetzt werden, denn wir sind selbst Teil dieses Systems männlicher Gewalt. Aber es ist halt unangenehm, sich immer mit dem leidigen Thema auseinandersetzen zu müssen, immer mit der Männerrolle und der Gewalttätigkeit der Männer konfrontiert zu werden. Andere Männerarbeit ist viel angenehmer, zum Beispiel mit Vätern arbeiten, dass sie ihre Berufsarbeit reduzieren und sich mehr den Kindern widmen, das geht zwar auch nicht so schnell voran, aber es hat viel positivere Aspekte. Die Arbeit am Thema Gewalt laugt aus und ist unangenehm.

Damit sich wirklich etwas verändert, wäre es aber wichtig, dass sich mehr Männer ernsthaft mit dem Thema auseinandersetzen. Gibt es da Hinweise auf eine Zunahme des Problembewusstseins?

Kaum. Ich denke, in der Männerbewegung – wenn man dies überhaupt so benennen kann – werden die Veränderungen, etwa die neue Rollenverteilung, ziemlich hochgejubelt. Effektiv sind sie viel geringer, als es den Anschein macht. Ausserdem gibt es auch Gegenbewegungen dazu. Und das Thema Gewalt wird in der Öffentlichkeit noch viel weniger diskutiert, so dass sich diesbezüglich das Bild kaum verändert hat. Für mich ist auch offen, ob nicht die Rezession und die Arbeitslosigkeit möglicherweise Bemühungen zur Sensibilisierung wieder zunichte machen können. Ich würde nicht sagen, dass unsere Arbeit nichts nützt, und ich glaube auch, dass sich in gewissen Kreisen das Bewusstsein tatsächlich etwas verändert hat. Aber es ist nicht so, dass wir zufrieden sein können. Und wenn wir mit den Frauen vergleichen, dann liegen die Männer nicht nur Jahre zurück, sondern es geht auch viel, viel langsamer vorwärts.

Was motiviert Sie denn trotz dieser relativ pessimistischen Einschätzung für die Weiterarbeit?

Man muss sich die Ziele halt im kleinen Rahmen setzen. Und da haben wir schon etwas bewegen und bewirken können. Dass wir jetzt diese feste Stelle einrichten konnten und dadurch sehr viel mehr Öffentlichkeitsarbeit machen können als bisher, dass wir in einer Arbeitsgruppe der Stadt mit allen im Thema involvierten Institutionen mitarbeiten, solche Dinge motivieren mich schon.

Ich mache die Arbeit auch aus einer gewissen Verpflichtung heraus. Ich finde sie einfach nötig, und jemand muss sie machen. Mir ist ja auch nicht wohl mit der heutigen Situation, und so kann ich immerhin sagen, ich unternehme etwas dagegen. Aber wenn es viele Männer gäbe, die an einer Veränderung arbeiten würden, dann zöge ich mich gerne daraus zurück und würde meine Energien für etwas anderes einsetzen.

5. Weil es uns alle angeht: Die Rolle Aussenstehender

Christa Hanetseder

Zunächst bedarf die Bezeichnung «Aussenstehende» einer Klärung: Gemeint ist nicht, dass uns die Tritte, die ein Mann seiner Partnerin austeilt, nichts angehen, nur weil wir nicht ebenfalls von ihm geschlagen und getreten werden oder weil wir mit dem Paar nicht bekannt sind. Wir sind dann zwar nicht unmittelbar und direkt ins Gewaltgeschehen involviert und dadurch tatsächlich «aussen-stehend», was aber nicht heisst, dass wir unbeteiligt daneben stehen.

Zu lange haben die Leute im Umfeld gewaltbetroffener Frauen die Augen geschlossen und behauptet, dass sie das alles gar nichts angehe. Mit dem Begriff «Aussenstehende» meine ich jedoch, dass wir alle – die Verwandten, Freundinnen, Nachbarn, Kolleginnen, Bekannten wie auch die Angehörigen von Berufen, welche direkt oder indirekt mit häuslicher Gewalt konfrontiert werden – als Beteiligte angesprochen und zum Handeln aufgefordert sind. Um der Situation entsprechend und wirksam handeln zu können, sollten wir uns mit den drei folgenden Überlegungen auseinandersetzen:

- Es gibt keine neutrale Haltung gegenüber Gewalt.
- Wir müssen uns mit Opfer *und* Täter beschäftigen.
- Intervention und Prävention muss auf verschiedenen Ebenen ansetzen.

5.1 Keine Neutralität

Wer meint, sich gegenüber Gewalt neutral verhalten zu können, täuscht sich. Schweigen, wegsehen, weggehen, unberührt bleiben wollen bedeutet, sich auf die Seite des Täters zu begeben. «Die Versuchung, sich auf die Seite des Täters zu schlagen, ist gross. Der Täter erwartet vom Zuschauer lediglich Untätigkeit. (...) Das Opfer hingegen erwartet (...), dass er [der Zuschauer] die Last des Schmerzes mitträgt. Das Opfer verlangt Handeln, Engagement und Erinnerungsfähigkeit.» (Herman 1993, S. 18) Wir alle – Einzel- und Privatpersonen, Angehörige bestimmter Berufsgruppen und vor allem die Gesellschaft als Ganze – müssen lernen, Gewalt wahrzunehmen, erkannte Gewalt zu beantworten und ihr Grenzen zu setzen. Denn jede Hilfeleistung, will sie wirksam zur Beendigung von Gewaltverhältnissen beitragen, «benötigt den Rückhalt im Gemeinwesen, z.B. in der Politik und in der Justiz, bei den Autoritäten, welche für eine Gesellschaft die Grenzen des Zulässigen artikulieren» (Hagemann-White 1992, S. 30).

Eine solche eindeutige Haltung von Institutionen und Behörden gegenüber Gewalt muss sich auf eine ebensolche Haltung bei uns allen abstützen können. Niemand kann und darf sich heraushalten. Als LaiInnen dürfen wir «das Problem» nicht einfach an die Fachleute delegieren; und auch für die Sozialarbeiterin, den Arzt, die Polizistin ist es nicht damit getan, die misshandelte Frau an die spezialisierte Fachstelle (Frauenhaus, Nottelefon) weiterzuweisen. Wir alle müssen uns dem Thema stellen und unsere eigene, geschlechtsspezifische Involviertheit ins Thema und deren Bedeutung erkennen.

5.2 Opfer und Täter

Unsere Aufmerksamkeit und Konzentration hat sich auf beide zu richten – sowohl auf die misshandelte Frau wie auf den misshandelnden Mann. Wir müssen dem Opfer alle nötige Hilfe und Unterstützung zukommen lassen und den Täter nachhaltig und verpflichtend auffordern, die Verantwortung für sein Handeln zu übernehmen und die Gewalt zu beenden. Dies ist von entscheidender Wichtigkeit, denn damit verändern wir die Perspektive: Das Problem ist nicht die misshandelte Frau – sie gerät zwar durch die Misshandlungen in Bedrängnis und

Not –, aber es ist der Gewalt ausübende Mann, der ein problematisches Verhalten zeigt, das die Gesellschaft nicht tolerieren darf und wofür sie ihn zur Rechenschaft zieht.

5.3 Drei Ebenen der Intervention und Prävention

Zu Beginn der Unterstützungsarbeit hat sich die Hilfe für misshandelte Frauen – gezwungenermassen – darauf konzentriert, die akute Situation und eine daran anschliessende erste Phase zu bewältigen (*sekundäre Prävention*). Später dann wurde vermehrt auch ein Angebot an Nachsorge und Therapie entwickelt (*tertiäre Prävention*), um zukünftige Gewalt zu verhindern und bereits erlttene Schäden zu verarbeiten. Wie wir heute wissen, reicht dies bei weitem nicht aus, Gewalt gegen Frauen aus der Welt zu schaffen. Von Expertinnen der Frauenhäuser und Nottelefone, auch von engagierten politischen Kreisen und von wissenschaftlicher Seite wurde immer wieder vehement gefordert, nicht allein «Brandbekämpfung» zu leisten, sondern sich auch der «Brandherde» und der «Brandstifter» (um in dieser Analogie zu verbleiben) anzunehmen, das heisst unsere Anstrengungen auf die *Veränderung der strukturellen Verhältnisse (primäre Prävention)* zu richten.

5.3.1 Primäre Intervention und Prävention

Die primäre Intervention und Prävention hat zum Ziel, das gesellschaftliche Bewusstsein so zu verändern, dass Frauenmisshandlung als ein Verstoss gegen die Menschenrechte und als Verbrechen erkannt wird. Bei den strukturellen Bedingungen, also beim gesellschaftlichen Ungleichgewicht zwischen den Geschlechtern anzusetzen, wäre erwiesenermassen der wirkungsvollste Beitrag, um diesem Ziel näher zu kommen. Gleichzeitig bestehen hier die grössten Schwierigkeiten und Widerstände:

- Das riesige Ausmass der erforderlichen Veränderungen und die Tatsache, dass dabei zentrale Fragen von Macht und Macht-

(um)verteilung berührt werden, sind die Haupthindernisse für eine rasche Umsetzung der erforderlichen Massnahmen.

- Die Beschäftigung mit der Gewalt konfrontiert uns mit der Verletzlichkeit der Menschen und mit ihrer Fähigkeit zum Bösen – das heisst mit Unangenehmem. Aus sozialpsychologischen und psychoanalytischen Studien wissen wir, wie Individuen und Gruppen mit Unliebsamem, Unerfreulichem, Ängstigendem, auch Beschämendem umgehen: Das als gefährlich Erlebte innerhalb der eigenen Person oder Gruppe wird vom (idealen) Selbstbild ferngehalten, abgespalten, auf andere projiziert. Und um der Auseinandersetzung zu entgehen, werden Unrecht und Ungerechtigkeit in rationale Argumente gekleidet, individualisiert, verharmlost und heruntergespielt. Dies erklärt zum Beispiel, weshalb in den Medien immer wieder Täter als Monster oder psychisch Kranke dargestellt werden, mit denen der normale Mann letztlich nichts zu tun habe.

Das Wissen um die Vielzahl innerer und äusserer Widerstände soll uns nicht lähmen, sondern helfen, diese zu überwinden und den Kampf gegen Gewalt an Frauen klug, umsichtig und beharrlich an die Hand zu nehmen.

Verschiedentlich wurde festgehalten, dass eine tatsächliche, *umfassende Gleichstellungspolitik* die wichtigste präventive Massnahme gegen Gewalt darstellt.[1] Jeder Lebensbereich – Erziehung, Aus- und Fortbildung, Beruf, Politik, Familie usw. – muss auf Bedingungen, Möglichkeiten, allfällige Benachteiligungen und Einschränkungen für Frauen/Mädchen und Männer/Knaben hinterfragt und verändert werden. Besonders wichtig ist es,

- auf der *Gesetzesebene* die Rahmenbedingungen für eine umfassende Gleichstellung der Geschlechter zu realisieren und dort, wo Frauen/Mädchen durch Gewalt beeinträchtigt sind, opferfreundliche Strukturen einzurichten;

- durch Grundlagen- und praxisorientierte *Forschung* differenziertere wissenschaftliche Kenntnisse zu erhalten über soziale und biologische Weiblichkeit und Männlichkeit, konfliktbewältigende Emotions- und Kommunikationsprozesse, Beziehungs- und Partnerschaftsmodelle, hilfreiche soziale Bedingungen etc.;

- im *Erziehungs- und Ausbildungsbereich* Bewusstseinsbildung zu betreiben, das heisst, in Lehrplänen und im institutionellen Kurswesen (z.B. Elternbildungskurse) die kontinuierliche Auseinandersetzung mit traditionellen Geschlechtsrollenbildern und -verhaltensmustern bei Lehr- und Erziehungspersonen wie auch bei den Mädchen und Knaben zu verstärken sowie die Förderung von konfliktbewältigendem Verhalten zu verankern. Konkret bedeutet dies:

  a) *Die Erwachsenen,* das heisst Kindergärtnerinnen und Kindergärtner, Lehrerinnen und Lehrer, Erzieherinnen und Erzieher, aber auch Mütter und Väter, sollen in Kursen für ein geschlechtsrollenemanzipatorisches Erziehungsverhalten sensibilisiert und dazu befähigt werden, sich selbst und die Kinder ganzheitlich in all ihren Erlebens- und Verhaltensweisen wahrzunehmen und zu fördern: Mädchen vor allem in ihren Äusserungen als eigenständige Persönlichkeiten (z.B. ihr «Nein», «Fass mich nicht an») und Knaben im Erleben ihrer Gefühlswelt (vor allem von Traurigkeit, Hilflosigkeit und Angst). Wichtig ist auch, konkrete Hinweise darauf zu geben, wie und wo Erziehende (unbemerkt und teilweise vielleicht auch ungewollt) Knaben bevorzugen und Mädchen übersehen. Und ganz grundsätzlich: Väter sollen in der Erziehung Verantwortung übernehmen und für ihre Kinder als lebendige Personen greif- und spürbar sein – und dies ist wörtlich gemeint!

b) *Mädchen* müssen in mädchenspezifischen Veranstaltungen in der Achtung ihrer Bedürfnisse, ihrem Selbstbewusstsein, ihrer Selbstbehauptung und dem Recht auf eigene Sichtweisen und Meinungen bewusst und gezielt gestärkt werden. So kann ein positives weibliches Selbstbild entstehen, das Mädchen und Frauen stark macht, ihnen eine eigenständige Entwicklung ermöglicht, indem es sie von der Bestätigung durch den Mann unabhängig macht.

c) Unter präventiven Gesichtspunkten von zentraler Bedeutung ist die emanzipatorische Förderung der *Knaben* in spezifischen Veranstaltungen. Männliche Vorbilder, die den Knaben auch einmal trösten, zärtlich in den Arm nehmen, selbst nicht immer nur «cool» und unantastbar sind, und das Erlebnis, in einer Jungengruppe neue Erfahrungen machen zu dürfen und nicht mit Spott und Verachtung für sogenannt «unmännliches» Verhalten bestraft zu werden, sind entscheidend für die Entwicklung einer reifen Persönlichkeit. Hier besteht ein ausserordentlich grosser Nachholbedarf und muss entschlossen angesetzt werden, sollen Knaben zu sozial kompetenten Erwachsenen heranwachsen und als Männer zu einem positiven Umgang mit Gefühlen der Unlust, Unsicherheit, Angst und Abhängigkeit befähigt sein.

Von grosser Wichtigkeit ist auch der sorgfältige, überlegte Umgang mit der *Sprache*. Wir alle, aber ganz besonders die lehrend, erziehend und in den Medien Tätigen, müssen darauf achten, nicht-sexistisch und nicht andere diskriminierend zu sprechen und zu schreiben, sondern eine geschlechtergerechte Ausdrucks- und Schreibweise zu pflegen. In Bezug auf Gewalt sollten wir Sachverhalte konkret und differenziert formulieren, Opfer und Täter, die Folgen und Auswirkungen von Gewalt benennen, jedoch ohne in Skandalisierung und Ausgrenzung zu verfallen. Hierzu zählt auch, dass die Opfer selbst – und nicht juristische, ärztliche, therapeutische Experten und Expertinnen – artikulieren können, was Gewalt ist, dass also die Definitionsmacht bei den Betroffenen liegt.

Zudem müssen wir die *Tragfähigkeit des sozialen Netzes* und des gemeinschaftlichen Lebens erhalten und stärken. Neben allen Massnahmen der staatlichen Sozialpolitik (wie Fürsorgeleistungen, spezialisierte Beratungs-, Therapie- und Nachsorgeeinrichtungen mit gut qualifiziertem Personal, sozialer Wohnungsbau etc.) denke ich hier auch an informellere Strukturen wie Kindertagesstätten, Mittagstische, Spielplätze, Quartiertreffpunkte, Elterngruppen und weitere, das Zusammenleben der Menschen, das Kennenlernen und den Kontakt fördernde Treffpunkte. Von solchen Angeboten können Impulse ausgehen. Gerade im Bereich der Nachbarschaftshilfe ist eine Infrastruktur, die den unbeschwerten Kontakt ermöglicht, ausserordentlich hilfreich und könnte, in Kombination mit Bildungsarbeit (siehe oben), zu einem präventiv wirksamen Faktor werden. Denn sie erleichtert es Nachbarinnen und Nachbarn, bei gewalttätigen Vorfällen einzugreifen, zu reagieren und die anderen – weil es Bekannte sind – nicht einfach ihrem Schicksal zu überlassen.

5.3.2 Sekundäre und tertiäre Intervention und Prävention

Ich möchte hier die beiden Ebenen der sekundären und tertiären Intervention und Prävention gemeinsam darlegen, denn ich teile Carol Hagemann-Whites Auffassung, «Schutz und Beratung bei akuter Bedrohung (…) können nur erfolgreich sein, wenn Angebote der Nachsorge (…) gegeben sind» (1992, S. 90).

Diese Angebote müssen sowohl das Opfer als auch den Täter erreichen. Die Hilfestellungen für die Frau basieren auf einer parteilichen

Haltung, das heisst, die Helfenden und Beratenden haben Verständnis für die unzureichende Fähigkeit der Frau zur Abgrenzung und Trennung, unterstützt sie in der Loslösung aus der Bindung zum Täter und streben den Aufbau eines eigenständigen Selbstwertgefühls sowie generell die Stärkung von Mädchen und Frauen an. Dazu ist ein differenziertes und auf die Bedürfnisse der Frauen abgestimmtes Beratungsangebot nötig (z.B. ambulante und stationäre Fachberatungsstellen, polyvalente Stellen). Doch alle Hilfe an die Frau greift zu kurz, wenn der Täter unbehelligt bleibt.

Die Angebote für den Mann (vgl. auch S. 124ff.) müssen diesen zur Einsicht zu bringen, dass die Verantwortung für sein gewalttätiges Handeln bei ihm liegt, dass er dafür sorgen muss, in einer Beziehung nicht zum Misshandler zu werden beziehungsweise wieder aus dieser Rolle herauszukommen, dass er sich aktiv mit seiner Sozialisation und deren Folgen auseinander setzen muss. Der Zugang zu den Tätern verlangt ein anderes Vorgehen als der Umgang mit den Opfern. Es geht nicht um verzeihende Versöhnung oder – vor allem nicht in einer ersten Phase – um eine (falsch verstandene) therapeutische Empathie, sondern um Konfrontation. Der Täter wird als Täter und in der begangenen Tat ernst genommen und mit der gesellschaftlichen Stellungnahme, nämlich der Grenzsetzung und Ächtung der Tat, konfrontiert.

Die Erfahrungen in der Arbeit mit misshandelten Frauen und misshandelnden Männern der vergangenen Jahre haben vor allem zwei entscheidende Erkenntnisse gebracht: Die mit männlicher Gewalttätigkeit konfrontierten Stellen (Sozialdienste, Spitäler, Polizei und Gerichte usw.) müssen für diese Aufgabe besonders geschult werden, und die vorerst oft eher auf einer zufälligen Ebene kooperierenden einzelnen Einrichtungen müssen ihre Hilfeleistungen systematisch koordinieren und vernetzen.

Schulung

Das Ziel der Schulung ist es, eine effektive, das heisst, gewaltbeendende oder -verhindernde Intervention sowie die sachgerechte Hilfe zu garantieren. Berufsangehörige von Polizei, Justiz, Sozial-, Gesundheits-, Schul- und Hochschulwesen müssen sich in ihrer Aus- und Fortbildung die Sach- und Handlungskompetenz aneignen, die sie zu einem angemessenen, verantwortungsvollen, die (bisherige) Realität nicht verdrängenden Umgang mit Gewalt befähigt. Zu diesem Zweck müssen sie sowohl ein profundes Sachwissen erwerben (etwa über Fakten und Mythen bezüglich Gewalt in Paarbeziehungen, über Indikatoren von Gewalt, Informationen über lokale (Fach-)Beratungsstellen, über Krisenverläufe etc.) wie auch ihre sozialen Kompetenzen verfeinern (zuhören können, Sachverhalte klären, Ratschläge vermeiden usw.). In der Auseinandersetzung mit dem Thema und im fachlichen Austausch können auch die persönlichen Einstellungen und Werte überprüft werden. Die Erfahrung, gerade auch in der Schulung der Polizei, zeigt, dass ausserordentlich viel gewonnen wird, wenn die Fachleute über ein Instrumentarium zur Intervention verfügen und eine klare Haltung zur eigenen Geschlechtsrolle und zum Umgang mit Gewalt haben.

Vernetzung und Koordination

Die Erkenntnis, dass möglichst alle in das Geschehen involvierten Fachstellen – Frauenhaus, Sozialdienst, Familien- und Paarberatung, Polizei und Gerichtswesen, Männerberatungsstelle usw. – vernetzt und in ihren Handlungen aufeinander abgestimmt werden müssen, ist noch jung, doch existieren in der Schweiz erste Ansätze hierzu.[2] Im konkreten und unvoreingenommenen Austausch kann deutlich werden, welche Abläufe wie und bei welcher Stelle vor sich gehen und wie sie optimiert werden können. Ratsam ist diese Vernetzungsarbeit auch deshalb, weil in einzelnen, stark engagierten Institutionen (wie Frauenhäuser, Sozialdienste) Überlastung und Burn-out drohen. Durch eine kluge Arbeitsteilung und Kooperation mit den anderen Stellen kann die Wirksamkeit der einzelnen Institution erhöht werden. Ausserdem zeigt sich deutlich, dass das Problem männlicher Gewalt nicht über quantitative Massnahmen (immer mehr spezialisierte Facheinrichtungen) gelöst werden kann, sondern dass qualitativ neuartige Wege beschritten werden müssen.

Bewährt hat sich die Schaffung institutionsinterner Arbeitsgruppen, institutionsübergreifender Arbeitsgruppen und regionaler Arbeitskreise, die einen regelmässigen Austausch gewährleisten. An einem «Runden Tisch» oder in einer Koordinationsgruppe laufen die Fäden zusammen, von dort aus wird eine systematische und für alle Beteiligten transparente Vernetzung vorangetrieben: Vernetzung der Frauen- und Mädchenprojekte, Vernetzung zwischen problemspezifischen Projekten, Erarbeitung und Vermittlung von Arbeitsmaterialien, gemeinsame Planung der Öffentlichkeitsarbeit usw.

Erfahrungen im Ausland (Österreich, Deutschland, USA) zeigen, dass sowohl bei der Vernetzung wie auch bei der Schulung das über längere Zeit erarbeitete Grund- und Fachwissen in den spezialisierten Stellen (insbesondere Frauenhäuser) von grossem Nutzen ist.

5.4 Fazit

Aussenstehende haben – jede und jeder an ihrem bzw. seinem Platz – viele Möglichkeiten, sich gegen Gewalt an Frauen einzusetzen. Diese sollen hier nochmals kurz zusammengefasst werden:

- Nicht wegschauen, sondern hinschauen, *wahrnehmen,* Stellung beziehen.
- Dem *Opfer* Hilfe und Unterstützung bieten, den *Täter* für seine Handlungen verantwortlich machen und zur Rechenschaft ziehen.

- Alle Massnahmen zur *Gleichstellung von Frau und Mann* tatkräftig unterstützen.
- Bildungsprogramme für Kinder, Jugendliche und Erwachsene entwickeln und fördern, in denen die *Geschlechtsrollen* kritisch thematisiert werden.
- Auf eine sorgfältige, nicht-diskriminierende *Sprache* achten, die Fakten klar benennen und die Opfer zu Wort kommen lassen.
- *Soziale Netze* und gemeinschaftliche Strukturen aufbauen und stärken, welche der Vereinzelung und Anonymität entgegenwirken.
- Angebote der *parteilichen Hilfe für Frauen* unterstützen und ausbauen.
- Angebote und *Programme für gewalttätige Männer* entwickeln und fördern.
- Das Thema Gewalt gegen Frauen als festen Bestandteil in die *Aus- und Weiterbildung betroffener Berufsgruppen* integrieren.
- Die regionale *Vernetzung aller involvierten Stellen* und die Entwicklung gemeinsamer Strategien vorantreiben.
- Die langjährige *Erfahrung der Fachfrauen* aus Frauenhäusern und Nottelefonen anerkennen und für die Weiterarbeit fruchtbar machen.

Anmerkungen

Ich danke Ingrid Rusterholtz vom Gleichstellungsbüro Basel-Stadt sehr herzlich für das diesem Beitrag vorangegangene anregende Gespräch und die ergänzenden Literaturangaben.

1 Vgl. Alberto Godenzi (1989, 1993), Carol Hagemann-White (1992), Christa Hanetseder (1992), Renate Egger u.a. (1995).

2 Vgl. etwa die vom Schweizerischen Nationalfonds geförderten Projekte von Peter Aebersold «Halt-Gewalt» für den Kanton Basel-Stadt und von Judith Jánoska «Privatsache oder von öffentlichem Interesse?» für den Kanton Freiburg sowie den von der Kontaktstelle Opferhilfe und vom Büro für die Gleichstellung von Frau und Mann der Stadt Zürich herausgegebenen Projektbericht zum Zürcher Interventionsprojekt gegen Männergewalt, die alle unter anderem auch eine Vernetzung der bereits bestehenden Hilfeleistungen anstreben.

Teil III

Serviceteil

Adressen von Frauenhäusern und Beratungsstellen

Region Zürich

Frauenhaus Zürich
Postfach 365
8042 Zürich
rund um die Uhr
Tel. 01 363 22 67
Fax 01 363 24 09

Frauenhaus Winterthur
Postfach 1045
8401 Winterthur
rund um die Uhr
Tel. 052 213 08 78
Fax 052 213 83 40

Frauennotwohnung
Zürcher Oberland
Postfach 829
8630 Rüti-Tann
Tel. 055 241 21 55

Wohnhaus Violetta
Postfach 8760
8031 Zürich
Tel. 01 291 08 70

Schlupfhuus
Schönbühlstrasse 8
8032 Zürich
Tel. 01 251 06 11

Nottelefon und Beratungsstelle für Frauen – gegen sexuelle Gewalt
Postfach 8760
Badenerstrasse 134
8031 Zürich
Mo bis Fr 10 – 19 Uhr
Fr, Sa 24 – 8 Uhr
Tel. 01 291 46 46
Fax 01 242 82 14

Nottelefon / Beratungsstelle gegen (sexuelle) Gewalt
Postfach 2036
Technikumstrasse 46
8401 Winterthur
Tel. 052 213 61 61

Castagna
Beratungsstelle für sexuell ausgebeutete Kinder, weibliche Jugendliche und in der Kindheit betroffene Frauen
Universitätsstrasse 86
8006 Zürich
Mo und Mi 14 – 18 Uhr
Di und Do 9 – 18 Uhr
Fr 9 – 14 Uhr
Tel. 01 364 49 49

mannebüro züri
Röntgenstrasse 4
8005 Zürich
Mo, Do 15 – 18 Uhr
Mi 18 – 20 Uhr
Tel. 01 271 00 88

Ostschweiz

Frauenhaus St. Gallen
Postfach 645
9001 St. Gallen
rund um die Uhr
Tel. 071 223 13 56

Frauenhaus Schaffhausen
Postfach 1614
8201 Schaffhausen
rund um die Uhr
Tel. 052 625 08 76

Frauenhaus Graubünden
Postfach 216
7001 Chur
rund um die Uhr
Tel. 081 252 38 02

Frauenhaus Liechtenstein
Postfach 437
9494 Schaan FL
Tel. 075 232 45 70
Fax 075 232 45 70

Beratungsstelle Frauenhaus
Wassergasse 1
9000 St. Gallen
Tel. 071 222 29 12

Nottelefon für Frauen
Beratungs- und Infostelle bei sexuellen Übergriffen
Postfach 1011
Neustadt 23
8201 Schaffhausen
Tel. 052 624 22 55

Nottelefon / Beratungsstelle des Vereins zum Schutz misshandelter Frauen
Postfach 1002
Zürcherstrasse 173
8501 Frauenfeld
Tel. 054 720 39 90

Region Basel · Aargau · Solothurn

Frauenhaus Basel
Postfach 111
4005 Basel
rund um die Uhr
Tel. 061 681 66 33
Fax 061 681 66 17

Aargauisches Frauenhaus
Postfach 273
5201 Brugg
rund um die Uhr
Tel. 056 442 19 11
Fax 056 442 59 27

Frauenhaus-Beratungsstelle
Grenzacherstrasse 34
4058 Basel
Tel. 061 693 05 55

Beratungsstelle Nottelefon / Fachstelle gegen sexuelle Gewalt an Frauen
Postfach
Pfluggässlein 5
4001 Basel
Mo, Mi bis Fr 9 – 13 Uhr, 14 – 18 Uhr
Di 14 – 18 Uhr
Tel. 061 261 89 89 oder 061 261 88 90

Männerbüro Region Basel
Dornacherstrasse 86
4053 Basel
Di 19 – 21 Uhr
Tel. 061 361 00 90

Mannebüro Luzern
Baselstrasse 21
6003 Luzern
Mi 17 – 20 Uhr
Tel. 041 240 05 30

Luzern · Innerschweiz · Tessin

Frauenhaus Luzern
Postfach 110
6000 Luzern 4
rund um die Uhr
Tel. 041 360 70 00

Consultario delle donne
Vignola 14
6900 Lugano
Tel. 091 972 51 49

Associazione Asmonia
Casella postale 249
6598 Tenero
Tel. 091 743 47 33

Nottelefon Luzern
Frauenzentrale Luzern
Gibraltarstrasse 34
6003 Luzern
Tel. 041 240 80 50
Fax 041 240 80 21

Nottelefon für Frauen Kanton Schwyz
Postfach 309
Spitalstrasse 28
8840 Einsiedeln
Tel. 055 412 30 30

Region Bern und Wallis

Frauenhaus Bern
Postfach 297
3000 Bern 7
rund um die Uhr
Tel. 031 332 55 33
Fax 031 332 55 72

Frauenhaus Biel
Postfach 84
Bahnhofstrasse 36
2502 Biel
rund um die Uhr
Tel. 032 322 03 44
Fax 032 322 56 25

Beratungsstelle für vergewaltigte Frauen und Mädchen
Rodtmattstrasse 45
3014 Bern
Mo, Di, Do, Fr 9 – 13 Uhr
Mi 16 – 19 Uhr
Tel. 031 332 14 14
Fax 031 333 34 04

Beratungsstelle Gewalt an Frauen und Kindern
Scheibenstrasse 5
3600 Thun
Tel. 033 223 07 90

Verein gegen Gewalt an Frauen und Mädchen
Hof Schmeli
3900 Brig
Tel. 027 923 00 51 oder
077 28 80 87

Männerbüro Bern
Holligenstrasse 70
3008 Bern
Mi 18 – 20 Uhr
Tel. 031 382 76 71

SAVAS – Service d'aide aux victimes d'abus sexuels
Léopold Robert 81
2300 La Chaux-de-Fonds
Tel. 032 968 30 43

Comité contre le harcèlement sexuel
Case postale 459
1211 Genève 24
Tel. 022 733 63 63

Westschweiz

Solidarité Femmes
Case postale 540
1211 Genève 13
Tel. 022 797 10 10
Fax 022 733 45 43

Solidarité Femmes Fribourg
Case postale 807
1701 Fribourg
rund um die Uhr
Tel. 026 322 22 02
Fax 026 322 25 06

Solidarité Femmes
2300 La Chaux-de-Fonds
Tel. 032 968 60 10

Foyer Malley-Prairie
Chemin de la Prairie 34
1007 Lausanne
Tel. 021 625 45 76

Viol-Secours
Case postale 459
1211 Genève 24
Tel. 022 733 63 63

Literatur

Bauriedl Thea: *Wege aus der Gewalt.* Analyse von Beziehungen. Herder, Freiburg Basel Wien 1992.

Egger Renate, Fröschl Elfriede, Lercher Lisa, Logar Rosa & Sieder Hermine: *Gewalt gegen Frauen in der Familie.* Verlag für Gesellschaftskritik, Wien 1995.

Elsner Constanze: *Mit mir nicht mehr!* Gewalt in der Partnerschaft. Fischer Taschenbuch Verlag, Frankfurt 1997.

Gloor Daniela, Meier Hanna & Verwey Martine: *Frauenalltag und soziale Sicherheit.* Schweizer Frauenhäuser und die Situation nach einem Aufenthalt. Rüegger, Zürich 1995

Godenzi Alberto: *Bieder, brutal.* Frauen und Männer sprechen über sexuelle Gewalt. Unionsverlag, Zürich 1989.

Godenzi Alberto: *Gewalt im sozialen Nahraum.* Helbing & Lichtenhahn, Basel und Frankurt am Main 1993.

Hagemann-White Carol: *Strategien gegen Gewalt im Geschlechterverhältnis. Bestandesanalyse und Perspektiven.* Centaurus-Verlagsgesellschaft, Pfaffenweiler 1992.

Hanetseder Christa: *Frauenhaus: Sprungbrett zur Freiheit?* Haupt, Bern 1992.

Herman Judith Lewis: *Die Narben der Gewalt.* Traumatische Erfahrungen verstehen und überwinden. Kindler, München 1993.

Kantonale Frauenkommission (Hg.): *So hat jede einen Grund warum sie schweigt.* Gewalt von Männern gegen Frauen im Kanton Bern. Bern 1992.

Lempert Joachim & Oelemann Burkhard: *«... dann habe ich zugeschlagen».* Männer-Gewalt gegen Frauen. Konkret Literatur Verlag, Hamburg 1995.

Lercher Lisa, Haberi Michaela, Voggeneder Karin & Geisler Marion (Hg.): *Weil der Papa die Mama haut.* Kinder aus dem Frauenhaus zeichnen und erzählen. Donna Vita, Ruhnmark 1997.

Lindner Susanne: *Tatort Ehe.* Zur sexuellen Gewalt in Mann-Frau-Beziehungen. Milena Verlag, Wien 1992.

Pletscher Marianne: *Weggehen ist nicht so einfach.* Gewalt gegen Frauen in der Schweiz. Limmat, Zürich 1977.

Zwenger Gabriela: *Gewalt und Konfliktstrategien bei Liebespaaren.* Eine empirische Untersuchung. Verlag Peter Lang, Frankfurt 1996.

Zu den AutorInnen

Katharina Belser, geb. 1953, selbständige Sozialwissenschafterin, lebt in Peiden GR.

Lucio Decurtins, geb. 1963, Sozialpädagoge, Mitarbeiter des Mannebüro Zürich, lebt in Zürich.

Jacqueline De Puy, geb. 1957, Soziologin, Doktorandin am Lehrstuhl für Sozialarbeit der Universität Freiburg, lebt in Lausanne.

Véronique Ducret, geb. 1955, Psychologin, lebt als selbständige Forscherin in Genf.

Adora M. Fischer, geb. 1955, Lehrerin und Theaterfachfrau aus Manila, Leiterin des Balikatan, eines Begegnungs- und Unterstützungszentrums für Philippininnen und ihre Familien in Chur, und Koordinatorin von Babaylan Schweiz, einer philippinischen Frauenorganisation, lebt in Chur.

Lucienne Gillioz, geb. 1941, Soziologin, Adjunktin im Genfer Gleichstellungsbüro, lebt in Genf.

Christa Hanetseder, geb. 1955, Dr. phil., Psychologin, Dozentin an der Höheren Fachschule im Sozialbereich Basel, lebt in Zürich.

Tina Handschin, geb. 1954, Sozialarbeiterin, Mitarbeiterin im Frauenhaus Graubünden, lebt in Feldis GR.

Marianne Jacobi, geb. 1952, Fürsprecherin und Notarin, Ersatzrichterin am Obergericht in Bern, lebt in Bern.

Weitere Titel im eFeF-Verlag

Delfina-Frauen

Vom Überleben zum Leben

Sexuelle Ausbeutung von Mädchen

164 Seiten, broschiert mit
70 Farb- und 22 s/w-Abbildungen
ISBN 3-905493-83-7

Sexuelle Ausbeutung von Mädchen spielt sich täglich und überall ab. Die Täter, vorwiegend heterosexuelle Männer, sind dem Kind bekannt und stammen oft aus der eigenen Familie. Seltener werden Mädchen oder Buben von Frauen sexuell ausgebeutet. Inzest kann verschiedene Gewaltformen annehmen: sexuelle Witze auf Kosten des Kindes, Berührungen der Genitalien, brutale Vergewaltigungen, permanente sexuelle Bedrohung usw. Immer aber ist sexuelle Gewalt Verrat am betroffenen Mädchen oder Knaben, sie zerstört nicht nur die Kindheit, sondern beeinflusst auch das spätere Leben.

Die Dokumentation, entstanden aus einer Ausstellung in Zürich Anfang der 90er Jahre, richtet sich primär an betroffene Frauen, aber auch an Eltern und andere Fachleute aus dem erzieherischen, sozialen, medizinischen und juristischen Bereich.

«Die Bilder und Skulpturen sind Sprachrohr einer Verzweiflung, bei deren Betrachtung man realisiert, dass stummer Schmerz um vieles grausamer ist als herausgeschriener.» *espresso*

«Ein Buch, das jede Leserin/Betrachterin berührt. Ein Buch, das Mut macht.» *Frauenbuchladen Braunschweig*

Marina Schüssler/Kathrin Bode

Geprüfte Mädchen – Ganze Frauen

Zur Normierung der Mädchen in der Kindergynäkologie

Mit einem Vorwort von Ingrid Olbricht

188 Seiten, broschiert mit 21 Abbildungen
ISBN 3-905493-33-0

Kindergynäkologie? Frauenheilkunde für Mädchen? Was steckt hinter diesem Begriff? Die Sozialwissenschaftlerinnen Marina Schüssler und Kathrin Bode sind den Fragen nachgegangen, haben die immer umfassendere Literatur zu diesem Zweig der etablierten Gynäkologie untersucht und dabei erschreckende Tendenzen festgestellt. Erklärtes Ziel der Kindergynäkologie ist der möglichst frühe Einbezug von Mädchen und heranwachsenden Frauen in die gynäkologische Kontrolle.

«In diesem Buch werden die einzelnen Bereiche und Aspekte der Kindergynäkologie detailliert aufgeführt und deutlich benannt, so dass ein heilsamer Bewusstwerdungsprozess in Gang kommen kann. Dieser Prozess ist notwendig (...). Ein Buch also, das wach machen kann, das Denkanstösse gibt.» *Ingrid Olbricht im Vorwort*

«Was ihre Arbeit so lesenswert macht, sind die darin ausführlich beschriebenen und über weite Strecken perversen Methoden eines vorwiegend von Männern bevölkerten und um seine Einnahmequellen fürchtenden Berufsstandes.» *WochenZeitung WoZ*